Gütersloher Verlagshaus. Dem Leben vertrauen

Für Emely

»*Vermute und entdecke in jedem Tag
den schönsten deiner Zeit – sollte das
Leben auch noch so schwierig sein.*«

In Liebe
Dein Vater

Florian Sitzmann

DER HALBE MANN

Dem Leben
Beine machen

Gütersloher Verlagshaus

Bibliografische Information der Deutschen Nationalbibliothek
Die Deutsche Nationalbibliothek verzeichnet diese Publikation
in der Deutschen Nationalbibliografie; detaillierte bibliografische
Daten sind im Internet über http://dnb.d-nb.de abrufbar.

Verlagsgruppe Random House FSC-DEU-0100
Das FSC-zertifizierte Papier *Munken Premium* für dieses Buch
liefert Arctic Paper Munkedals AB, Schweden.

1. Auflage
Copyright © 2009 by Gütersloher Verlagshaus, Gütersloh,
in der Verlagsgruppe Random House GmbH, München

Dieses Werk einschließlich aller seiner Teile ist urheberrechtlich geschützt.
Jede Verwertung außerhalb der engen Grenzen des Urheberrechtsgesetzes
ist ohne Zustimmung des Verlages unzulässig und strafbar. Das gilt insbesondere für Vervielfältigungen, Übersetzungen, Mikroverfilmungen und die
Einspeicherung und Verarbeitung in elektronischen Systemen.

Druck und Einband: GGP Media GmbH, Pößneck
Umschlagmotive: Thommy Mardo, www.thommy-photography.de
Innenteilfotos: privat / Thommy Mardo / Felix Müller-Stolz
Printed in Germany
ISBN 978-3-579-06885-5

www.gtvh.de

Inhalt

9   Vorwort (Xavier Naidoo)

13   WO DRIFTEN WIR HIN?
Ein Unfall verändert ein Leben

25   NICHT VON DIESER WELT
Ein böses Erwachen

33   WAS WIRD MICH ERWARTEN?
Erste Schritte ohne Beine

40   WIR GEHÖREN ZUSAMMEN
Freunde fürs Leben

50   SEID IHR MIT MIR?
Bonus und Malus

54   WIR HABEN ALLES GUTE VOR UNS
Die Marke Sitzmann

60 DIESER WEG WIRD KEIN
LEICHTER SEIN
Sitzmann lernt sitzen

72 EIGENTLICH GUT
Mein Weg in die Selbstständigkeit

78 VOLLE KRAFT VORAUS
Was mich bewegt

87 FREISEIN
Meine Straßen der Freiheit

97 SAG ES LAUT
Der gemeine Behinderte an sich …

104 FÜHR MICH ANS LICHT
Handbike-Fieber

108 SEINE STRASSEN
Der Marathon-Sitzmann

122 WENN DU ES WILLST
Glauben versetzt Berge

133 DON'T GIVE UP
Motivation ist alles

137 WER WEISS SCHON, WAS DER MORGEN BRINGT?
Winning Sitzmann

143 DAS HAT DIE WELT NOCH NICHT GESEHEN!
Die Sitzmann-Mission

158 WAS WIR ALLEINE NICHT SCHAFFEN
Die Kraft der Familie

168 ERNTEN, WAS MAN SÄT
Vater sein

176 UNTER DIE HAUT
Sitzmann, Schwerpunkt Mann

185 DIE DINGE SINGEN HÖR' ICH SO GERN
Nachwort: Last not least

189 Danke

Vorwort

Florian Sitzmann – nomen est omen?
Vielleicht ist das eine makabere Einleitung für ein Vorwort.
Aber als ein Mensch, der mit dem Wort arbeitet, fiel mir das gleich ein.
Ein Mann, der fast sein ganzes Leben im Rollstuhl sitzt und »Sitzmann« heißt.
Schicksal? Bestimmung? Ganz gleich, auf was wir uns einigen wollen, Flo hat mehr als nur das Beste aus seiner Situation gemacht.
Er ist ein Mutmacher, Vorleber und Motivator für Menschen mit oder ohne Behinderung.
Ich bewundere seine Ausdauer und seinen Willen, seinen Weg zu »rollen«.
Roll on, Flo!

ONE LOVE,
DEIN XAVIER

Anmerkung des Verlages:
Sämtliche Kapitelüberschriften in Großbuchstaben sind Song-headlines
von Xavier Naidoo, abgedruckt mit freundlicher Genehmigung von Xavier
Naidoo und der HANSEATIC MUSIKVERLAG GmbH & Co. KG.

WO DRIFTEN WIR HIN?
Ein Unfall verändert ein Leben

17 Jahre ist es jetzt her. Spätsommer 1992. Ein verregneter
Tag in einem heißen Monat. Und ich gerade noch 15 Jahre
alt. 2,04 Meter groß. Heute bin ich die Hälfte. Ein halber
Mann. Ein Sitzmann. Namen sind Programm.

Über die Autobahn fahren. Nicht rasen, aber zügig fahren.
Oder über Landstraßen cruisen. Dann kann ich am besten
nachdenken. Meine Gedanken fließen mit der Leitplanke.
Immer dort, wo sie unterbrochen ist, zerbeult, oder Brems-
spuren zu sehen sind, da weiß ich, es ist etwas passiert. Das
berührt mich immer noch. An jedem Unfall, den ich mitbe-
komme, ist auch ein Teil von mir mitbeteiligt.

Ich setze mich ins Auto, lege eine von Xaviers Platten auf
und fahre los. Das Fahren und die Musik bringen meine
Gedanken in Bewegung. Ich erzähle mir selbst mein Leben.
Blicke zurück, nach vorne und schalte den Blinker ein. Hin-
dernisse gibt es immer. Und überall. Heute nicht mehr und
nicht weniger als damals.

Damals heißt im Klartext: in der Welt auf zwei Beinen.

Heute heißt im Klartext: im Rollstuhl.

»Herr Sitzmann, was klappt in Ihrem jetzigen Leben nicht
mehr so gut?«, werde ich oft gefragt, und ich antworte:

»Treppensteigen.«

»Ist Ihr Name echt?«

Skurrilerweise ja!

Und: »Herr Sitzmann, und was vermissen Sie am meisten?«
»Im Stehen vögeln«, sage ich und lache laut, damit die anderen es sich auch erlauben können. Das Lachen.

Ich bin unterwegs. Will einen Freund besuchen und muss wieder einmal an ihr vorbei: an der Raststätte, die meine Beine gefressen hat. Wieder einmal mache ich halt. Nicht, weil ich trauern will, sondern weil ich Hunger habe. Es liegt Schnee, viele LKW stehen hier, und ich höre die Aggregate brummen. Die Raststätte ist innen weiß getüncht, und an einem der Tische sitzt ein Mann, der Jägerschnitzel mit Kroketten isst. Alles ist ganz normal, bis auf die Tatsache, dass ich keine Beine habe. Die Blicke folgen mir verschämt. Kenne ich schon, und meinen Hunger beeindrucken Blicke nicht. Verschämte schon gar nicht. Ich ziele die Theke an.

»Bratwurst mit Pommes ohne Ketchup.« Auch Männer ohne Beine essen gern.

Viel Leuchtreklame in Rot ist hier zu sehen. Bin ich hier im Rotlichtmilieu gelandet? Klirrende Kälte, die die Brummifahrer zu den Türen hereintreibt. Von irgendwo steigen Nebelschwaden auf.

Das könnte hier eine gute Location für den Anfang eines guten Krimis sein, denke ich Bratwurst essend und schaue aus dem Fenster zu meinem Auto hin. Es wartet auf mich auf dem Behindertenparkplatz. Kein anderer Wagen weit und breit. Kein gutes Gelände heute, weder für Rollstuhlfahrer noch für Menschen, die auf Füßen gehen. Es ist alles vereist. 10-15 cm Schnee. Ein Wunder, dass ich nicht auf die Fresse gefallen bin.

Die Raststätte war früher ein Treffpunkt für Lastwagen aus aller Herren Länder. Deswegen war auch damals mein Lastwagenfahrer da. Vielleicht hielt er an, um Bratwurst zu essen – mit Pommes ohne Ketchup. Und dann wollte er weiter, aber Stefan und ich waren ihm im Weg. Und dann nur noch ich. Und dann nur noch meine Beine. Mein Lastwagen kam aus Norddeutschland. Das ist lange her. Die Hälfte meines Lebens. Es macht mir nichts aus, davon zu erzählen oder darüber nachzudenken. Viel Gutes ist seitdem passiert. Diese Raststätte, hier, ist für mich nichts anderes als der Parkplatz, an dem ein neues Leben für mich begann.

Während ich meine Pommes nachsalze, verfolgen meine Augen das Abendprogramm, das stumm aus dem Fernseher rieselt, der unter der Decke hängt. Das Ganze unterlegt mit einer Tonspur aus dem Radio. Ich hab das noch nie begriffen, warum in Kneipen Fernseher laufen, obwohl ihr Ton abgeschaltet ist.

Jetzt ist ein älteres Ehepaar hereingekommen, das auch Schnitzel mit Pommes essen will. Sie nicken zu mir herüber und ich lächle zurück. Niemand sieht, dass ich keine Beine habe. Meine fehlenden Füße sind unter dem Tisch und da schaut niemand mehr hin, der in mein lachendes Gesicht geschaut hat. Die meisten Menschen kommen nicht einmal auf die Idee, dass ich so schwer behindert bin. Wo ich doch so offen lachen kann.

Ich muss mal aufs Klo. Die Behinderten-Toilette ist sehr sauber, und es riecht auch richtig gut hier. Das Personal ist aus Polen oder Russland. Sehr zuvorkommend und freundlich. Die beiden halten mir sofort die Tür auf. Ich müsse nichts bezahlen, erklärt mir der Mann. Keine Pinkelgebühr.»Warum nicht?«, frage ich zurück. Die Toilette muss ja trotzdem geputzt werden. Ich lege 70 Cent in die Schale und merke: In dieser Schale sind wir alle gleich, denn das Kleingeld wandert sofort in seine Kitteltasche.

Was hat das Pinkeln eigentlich damals gekostet? Kann mich nicht mehr daran erinnern, wie an so vieles, was mir entfallen ist. Durch einen Unfall trennt sich so manches. Was war davor und was danach? Wer war aufmerksam, und wer war es nicht? Wer war Schuld und wer hatte keine? Und auch ich, der Sitzmann, wurde getrennt. Danach gab es einen oberen und einen unteren Sitzmann. Wie in Wien das obere und das untere Belvedere zu besichtigen ist. Nur dass meine unteren Prunkräume nicht mehr zu sehen sind.

Und: Viele Überlegungen tauchen nach einem solchen Unfall auf. Wenn wir nicht Rast gemacht hätten ... Wenn das Wetter gut gewesen wäre ... Wenn wir nicht so gehetzt gewesen wären ... Wenn der Lastwagenfahrer doch noch eine geraucht hätte, bevor er wieder losgefahren wäre. Fünf Minuten hätten gereicht. Vier Minuten. Drei, zwei, eine. Nicht nur Minuten, Sekunden können im Leben alles verändern. Sogar Bruchteile von Sekunden. Die Überlegungen kommen zu spät. Sie rollen das Leben nach hinten auf, und das funktioniert einfach nicht. Man muss nach vorne blicken. Immer. Mit und ohne Beine.

Ich denke jetzt nur darüber nach, weil alle möglichen Leute immer wieder darüber nachdenken und mich dann fragen. Sie sehen mich, hören meine Geschichte und schon kommt: Oh Scheiße, wenn die doch noch einen Moment gewartet hätten und Flo noch mal pinkeln gegangen wäre, obwohl

er schon pinkeln war, dann könnte er jetzt noch laufen und bräuchte nicht den blöden Rollstuhl.

Klar. Alles wäre anders gekommen, hätten Stefan und ich damals nicht diese Tour nach Holland gemacht. Haben wir aber. Gut gelaunt und mit den besten Absichten. Ein Kurztrip in Partylaune. Ich hatte ein Mädchen wiedertreffen wollen, das ich ein paar Wochen zuvor dort in einer Jugendherberge an der Bar kennen gelernt hatte. Die wollte ich unbedingt wiedersehen. Und dann kamen wir an, und die süße Holländerin war nicht mehr da. Schöner Mist. Und ich, total verknallt, hatte nicht einmal ihren Namen oder eine Telefonnummer. O.K., verlieren gehört zum Pokern, das Risiko zum Spiel!

Stefan und ich hockten uns an dem Abend an die Bar, und ich trank eine ganze Menge unmögliches Zeug. Grauenhafte Kombinationen aus Alk und Cola. Die Party, wegen der wir nach Holland gefahren waren, fand dann zwischen uns beiden statt und endete damit, dass wir sternhagelvoll ins Bett fielen und am nächsten Morgen megamäßig verschliefen. Es war ein Sonntag, und wir wollten schnell nach Hause. Als wir endlich aufwachten, war aber bereits späte Kaffeezeit. Sehr späte Kaffeezeit! Das war eine Katastrophe, weil ich ja am nächsten Tag Schule hatte und Stefan wieder zur Arbeit musste. Wir blickten gehetzt auf unsere Uhren, rutschen mit den Fingern auf der Landkarte herum, fanden keine Abkürzung und hatten Panik in den Augen. Panik kenne ich eigentlich als Zustand nicht. Nur heute taucht sie dann und wann auf, wenn ein anderer am Steuer sitzt. Der Unfall hat einen echt miesen Beifahrer aus mir gemacht.

Wir machten uns damals, so schnell es ging, auf den Weg. »Nein Danke, kein Kaffee! Nein, wirklich nicht! Danke, wir müssen echt ganz schnell los!« Zuerst war es sonnig und trocken. Aber je näher wir gen Homebase kamen, desto dunkler wurde der Himmel über uns. Die Wolken zogen sich grau zusammen, in weiter Ferne zuckten am Himmel ein paar Blitze, der Wind zerrte an den Bäumen und an uns, und bald schon klebten wir beide komplett durchnässt auf dem Motorradsattel fest. Es regnete wie aus Kübeln, aber Stefan fuhr trotzdem sehr, sehr sicher. Er hatte den Führerschein schon eine ganze Weile, weil er älter ist als ich. Ich hätte mir die Fahrt bei diesem Regen ganz bestimmt nicht zugetraut.

Es war wirklich eine grauenhafte Fahrt. Als ich die Schilder der Raststätte sah, brüllte ich unter meinem Helm zu ihm nach vorne: »Halt mal an, ich muss aufs Klo!« Obwohl nur noch ein paar Kilometer vor uns lagen, hatte ich langsam echt genug und außerdem jetzt auch noch Hunger.

Wir bogen zur Raststätte »Hunsrück« ab. Nach Hause waren es noch 80 Kilometer. Schnell tanken, von den letzten Groschen was essen »In einer Dreiviertelstunde sind wir zu Hause.« Bloß kein langer Stopp. So nass, wie wir waren, dachten wir an nichts anderes als an eine warme Dusche und noch irgendwas Gutes zu essen. Heim zu Mamas Herd. Ich rannte runter auf die Toilette. Die, die heute 70 Cent kostet und für Behinderte eine Gratis-Leistung ist. 1992 hatte ich noch die andere Tür genommen. Bereits nach zehn Minuten waren wir wieder soweit. Rauf auf das Motorrad, ziemlich matt und mürbe von dem Wetter. Stefan war die ganze Zeit gefahren, denn ich hatte ja noch gar keinen Führerschein.

Die Stimmung war nicht schlecht. So wie immer. Stefan und ich, wir sind zwei lustige Typen, die sich so schnell nicht ins Bockshorn jagen lassen. Das waren wir immer. Das sind wir immer noch. Wir verstehen uns wortlos. Aber wir waren bei diesem Trip echt »abgeschafft«! Wenn es nicht geregnet hätte, wir hätten uns ohne Probleme neben die Straße gelegt und die Augen für eine Runde zugemacht, so fertig waren wir. Ich kann diese Müdigkeit fast heute noch in meinem Körper spüren. Trotz Motorenlärm und Auspuff-Gestank wären wir neben der Straße sofort eingeschlafen.

Hätten wir's nur getan! Das wäre das Beste gewesen. Aber wir haben es nicht gemacht. Erstens regnete es, zweitens war es kalt – viel zu kalt für einen Tag im August – und drittens waren wir die »jungen Wilden«. Und die jungen Wilden wollten nach Hause ins warme Nest. Und zwar schnell! Wir stiegen aufs Motorrad und fuhren los. Dann ist es auch gleich passiert. Das Ende des Ausflugs, ohne Rendezvous mit der Prinzessin, aber mit der Bekanntschaft eines Lastwagens.

Alles ging ganz schnell. Diesen Satz hört man immer bei Unfällen. »Alles ging ganz schnell!« oder »Es geschah wie in Zeitlupe.« Sie haben die Wahl. Bei mir ging alles ganz schnell.

Stefan kam auf dem Beschleunigungsstreifen, der zur Autobahn führt, zu weit nach links. Das kann passieren, besonders bei so einem Sauwetter und ist in der Regel auch nicht sehr schlimm. In diesem Fall und an diesem Tag zu dieser Stunde, Minute, Sekunde, war es ungünstig, um nicht zu sagen, verdammt blöd.

Von hinten kam der Laster.

Dann kam der Knall.

Ich flog durch die Luft.

Schmerzen hatte ich keine. Nee, das nicht.

Stefan fiel nach rechts auf den Grünstreifen und ich nach links auf die Straße: unter die Reifen.

So fing es an. Mein Leben ohne Beine. Sie müssen nicht erschrecken. Es ist gut, was jetzt kommt. Versprochen!

Welche Gedanken hatte ich eigentlich, frage ich mich heute. Spürte ich, dass eine Lebenswende nahte? Ich erinnere mich nicht. Ich dachte: Scheiße, was ist denn jetzt passiert? Und: Hoppala!

Da ich keine Schmerzen hatte, befürchtete ich nichts. Ich hab nur gedacht, die Haxen sind wahrscheinlich ziemlich kaputt. Meine Beine fühlten sich blöd an. Aber ich hätte nie gedacht, dass die so kaputt sind, dass man sie absägen muss. Ich lag auf der Straße und wollte eigentlich aufstehen. Dann kam Stefan angerannt und brüllte, dass ich mich nicht bewegen solle. Er zog mich dann von der Autobahn.

Hätte Stefan mich nicht weggezogen, wäre wahrscheinlich gleich der nächste Laster oder Wagen über mich gerollt, und das wäre dann wirklich mein Ende gewesen. Eine Menge Frauen hätte ich dann nicht kennen gelernt. Eine ganz kleine vornan: meine Tochter Emely. Sie ist jetzt ein Jahr alt. Daddys Liebling. Emely würde dann nicht einmal existieren und das wäre für die Menschheit wirklich ein Verlust, denn sie ist ein echter »Wonneproppen«.

Aber damals ahnte ich noch nichts davon. Nichts von den Zielen, die ich noch erreichen würde, von dem Spaß, den ich habe, dem Erfolg, nichts von Emely und nichts von den Fahrten, die ich heute für mich mache. Fahrten durch die Dunkelheit. Zum Nachdenken und Entspannen.

Damals lag ich nur auf der Straße, habe mir die Brille und den Helm abgezogen und hörte Stefan laut schreien: »Nee, nee, nicht aufstehen, bloß das nicht. Bleib liegen! Bleib bloß liegen!«

Er sah geschockt aus. Das bekam ich noch mit. In meinen Ohren rauschte es. Ein surrendes Geräusch. Es waren die Autos auf der Autobahn. Fast melodisch klang das, fast hypnotisch. Das Surren machte mich unendlich müde, und ich fühlte die Nässe und die Kälte gar nicht mehr so sehr.

Wenn ich heute beim Fahren die Fenster runterkurbele, und wenn es dann noch regnet, dann ist es wieder da. Alles. Die Räder auf dem nassen Asphalt, die Laster, das Überholen. Das Surren, das ich wiedererkenne, erzählt mir einen Teil meiner Geschichte.

Dass ich liegen bleiben sollte, hat mir nicht gefallen. Ich bin nicht der Typ, der irgendwo liegen bleibt. Aber ich fühlte mich schrecklich schwach, bekam immer schlechter Luft

22

und begann zu hecheln. Das war nicht so schlimm. Was ich entsetzlich fand, war das Liegenbleiben. Ich hatte, wenn ich aus meiner Trance auftauchte, einen wahnsinnig starken Drang, aufzustehen und zu gehen. Das weiß ich noch. Bewegung ist mein Leben. Ich wollte den Unfallort einfach verlassen. Weggehen, wegrennen, weghüpfen. Weg, einfach weg! Wenn man mich festhalten will, dann drehe ich fast durch. Das bezieht sich auf alles. Auf Frauen, Jobs, Erfahrungen, auf mein ganzes Leben. Nicht umsonst bin ich ständig unterwegs. Mit Beinen. Ohne Beine. Und mit einem meiner Autos. An diesem Tag ging aber nichts mehr von alledem.

Irgendwelche Auto- oder Brummifahrer alarmierten per Handy die Polizei und den Rettungsdienst. Es dauerte noch eine knappe Viertelstunde, dann waren alle da. Blaulicht, Sirene, Absperrung, alles, was so ein Unfall braucht. Ich fühlte mich hellwach, obwohl ich nicht weiß, ob ich es wirklich war. Irgendein Sanitäter kam und schnitt mir die Jacke auf. Aus dem Gerede um mich herum konnte ich mir zusammenreimen, dass die Helfer vermuteten, ich hätte etwas am Kreuz.

Es war ganz seltsam. Ich hörte es und hörte es auch wieder nicht. Die Worte drangen nicht zu mir durch. Kaum in mein Gehirn hinein und schon gar nicht in meine Seele. Auf dieser Trage im Krankenwagen, der Sanitäter legt Kanülen und sonstige Zugänge an, Infusionen werden gestöpselt, aber ich – ganz ruhig. Ich ließ es mit mir geschehen und wartete auf das, was passierte.

»Lasst mich zu ihm rein!«, hörte ich Stefan und sah, wie die Sanitäter ihn zurückhielten. Stefan schrie, dass er zu mir wolle. Immer wieder schrie er das. So taumelig wie ich war, erschien es mir wie ein gesungenes Mantra. Sein Schreien löste das Surren der Räder, das ich wahrnahm, ab. Dann war alles nur noch schwarz vor meinen Augen.

So war das. Aus meiner Krankenakte weiß ich, dass ich lange zwei Stunden im Rettungswagen lag, weil der Hubschrauber nicht landen konnte. Wir hatten schlechtes Wetter. Der Himmel über Deutschland hatte sich zusammengezogen.

Heute ist diese Raststätte für mich eine Raststätte wie jede andere in Deutschland. Es hat sich hier auch viel verändert. Wenn ich nicht wüsste, dass hier mein Schicksalstag passierte, ich würde diese Raststätte nicht einmal wiedererkennen. Zu keiner Zeit musste ich herkommen, um vielleicht etwas aufzuarbeiten oder mich dieser Vergangenheit zu stellen. Ich bin hier, weil mich mein Weg in die Gegend führte. Da ist es einfach gut, mal haltzumachen. Aber es hätte auch einen anderen Rastplatz treffen können.

Nicht von dieser Welt
Ein böses Erwachen

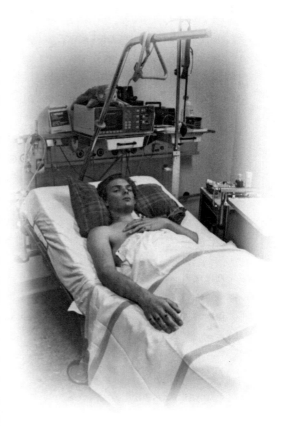

Als ich aus der Narkose erwachte, nahm ich nicht viel wahr. Ganz langsam bin ich aufgewacht. Ganz, ganz langsam. Es war eher so ein Übergang von einem Traum in einen anderen. Der eine Traum war ganz schön bunt und mit Drogen unterlegt. Die Drogen waren Schmerzmittel und Morphium. Ich bin nicht gleich wirklich aufgewacht, sondern baute das Krankenzimmer einfach in süße Träume ein. Alles war okay und keinesfalls beängstigend. Bis auf die Tatsache, dass ich mich nicht bewegen konnte. Auch nicht meine Arme. Die hatte das künstliche Koma lahmgelegt. Wenn man eine Woche lang die Arme nicht bewegt, dann bauen die Muskeln wahnsinnig schnell ab, und da ich damals noch Fußgänger war, waren meine Armmuskeln zwar gut ausgebildet, aber längst nicht so muskulös wie heute.

Das Zimmer, in dem ich lag, war weiß. Ein Krankenhauszimmer eben. Das hat mich damals nicht sonderlich überrascht. Es war klar, dass ich nicht auf den Bahamas liege, sondern in einem Zimmer, zu dem lange weiße Gänge führen, in denen Rolltische mit silbernen Teekannen drauf stehen. Krankenhaus kannte ich von Besuchen. Grauenhafter Geruch, elende Gänge und Sitzecken in Nischen, auf deren wackeligen Tischen abgegriffene Exemplare von »Der Pilger« oder andere langweilige Zeitschriften liegen. Wenn man Glück hat eine Boulevard-Zeitung, die aber auch schon durch 20 Hände gegangen ist, weil alle das nackte Mädchen auf der Titelseite sehen wollen. Hände von Besuchern, die warten, besorgt oder gelangweilt sind. Oder Hände, die ängstlich zittern. Wie meine damals. Ganz leicht, ganz zart, kaum wahrnehmbar, doch sie zitterten.

Meine Augen wanderten halbgeschlossen durch den Raum, wurden etwas von dem Licht geblendet, das durch das Fenster fiel, und dann sah ich meine Mutter. Ich erinnere mich, dass ich nur schemenhaft ihr Gesicht wahrnahm, denn mir fehlte meine Brille.

Augen, Nase, Mund, Haare: Aha, Mama!

Sie saß an meinem Bett und sah mich an. Nein, sie blickte eher. Das fühlte ich. Sehen ist zu einfach für das, was da passierte. Es war ein ernster und besorgter Blick, in den sie mich einhüllte und den ich mit jeder Faser meiner Seele registrierte. Einer, den ich nicht annehmen wollte.

Der Blick hatte eine Botschaft. Er war erschüttert, fassungs-
los, und ich dachte mir, was will sie denn? Ich bin doch da
und lebe! Sie soll sich mal lieber freuen. Aber meine Mutter
freute sich nicht, das war auch mit verschleierter Wahrneh-
mung für mich eindeutig.

Im Zimmer war es still und gleichzeitig schreiend laut. Eine
ganz merkwürdige Stimmung. Fast wie nicht von dieser
Welt. Es flirrte und rauschte wie wild. Mein Atem ging ganz
flach, und ich versuchte anzukommen. Irgendwann wurde
mir dann klar, dass das dröhnende Geräusch nicht im Zimmer, sondern in meinen Ohren war. Es kam von innen. Meine Seele schickte mir hämmernde Signale, aber ich konnte
sie nicht verstehen.

Für meine Mutter muss dieser Moment an meinem Bett,
mein Aufwachen, ganz schrecklich gewesen sein. Später
hat sie mir gestanden, dass sie in diesen ersten Momenten
unschlüssig war, ob es nicht besser für mich sei zu sterben.
Wie das gehen sollte: ich ohne Beine. Dass ich ein Typ bin,
der das Leben anpackt, das wusste sie. Aber sie konnte sich
kein Bild davon machen, hatte keine Idee, wie ich sein würde ohne meine Beine. Vermutlich befürchtete sie, ich würde
daran zerbrechen.

Es muss schwer für sie gewesen sein. Ich bin heute selbst
Vater und kann das nachfühlen, will es aber nie erleben.
Meine Mutter wusste zu diesem Zeitpunkt noch nicht, dass
ich auch diese Aufgabe packen würde. Dass ich sie schon al-
lein aus dem Grund bewältigen würde, weil ich Sportler bin.
Man könnte sogar sagen: ein Lebenssportler. Hätte meine

Mutter das auch nur geahnt, es wäre ihr leichter ums Herz gewesen. Sie hätte dann bestimmt gesagt:»Hey Flo, jetzt gib'ste noch mal richtig Gas!«, und ich hätte müde, aber mit innerem Willen genickt.

Das war aber vor der guten Zeit, die kam. Erst einmal war ich nur ein Junge, der aus dem künstlichen Koma langsam erwachte und der spürte, dass da etwas saudumm gelaufen war.

Mein Vater war auch da. Auch der tat merkwürdig verdruckst. Ich konnte das nicht verstehen. Sahen denn die beiden nicht, dass ich noch lebte? Oder war ich tot und dachte nur, noch am Leben zu sein? Was war los in diesem Zimmer? Scheiß Morphium!

Ich fühlte, dass ich meine Augen und meinen Mund bewegen konnte. Meine Ohren funktionierten und meine Nase würde wieder riechen. Alles egal, munterte ich mich auf. Du lebst noch, alles andere kommt dann. Ich wollte, dass wir endlich miteinander sprachen und erleichtert lachten. Ein Unfall ja, aber ich hatte Glück gehabt. Mein Schutzengel hatte mich beschützt. Stefan lebte und ich auch. Nur etwas schwerfällig fühlte sich mein Körper jetzt noch an.

Das ist normal, beruhigte ich mich. Prellungen tun eine ganze Weile höllisch weh. Der Körper schmerzt selbst dann noch, wenn schon alles wieder gut ist. Im Sport hatte ich das schon mal erlebt, und meine Oma hatte mir davon berichtet, als sie Rückenschmerzen hatte.»Meine Wirbel sind zwar wieder eingerenkt«, hatte sie mir damals erklärt,»aber die Muskeln sind noch verkrampft. Die brauchen eine Weile. Deswegen gehe ich noch gebeugt, obwohl ich gar nicht mehr gebeugt gehen muss.«

So war es auch bei mir. So musste es auch bei mir sein. Ich lag hier, obwohl ich vermutlich gar nicht mehr liegen musste. Meine Muskeln mussten sich aber wieder erholen und vielleicht der ein oder andere Knochen auch.

Um irgendwas zu sagen, um die miese Stimmung zu brechen und damit endlich etwas geschieht, meinte ich zu meinem Vater: »Meine Beine sind so schwer, leg die doch mal anders hin, das ist mir unbequem.« Ich konnte diese Beine einfach nicht bewegen. Ich fühlte sie ganz schräg im Bett, aber ich konnte sie nicht besser legen. Mein Vater rutschte näher und meine Mutter hatte einen Schrecken im Gesicht. Jetzt, wo wir fast Nasenspitze an Nasenspitze waren, konnte ich das sogar sehen.

»Flo«, flüsterte er mir zu. »Wie war denn der Unfall für dich? Überleg mal, was ist alles passiert?«

Nein, nicht wieder auf die Straße. Nicht wieder in den Regen, die Eile und zu diesem Rastplatz zurück! Ich erinnerte mich, dass es geknallt hatte und ich irgendwie gefallen war. Nach unten. Auf die Straße. Und weiter? Bilder tauchten hoch, von Stefan, wie er herumrannte. Die Sirenen, das Surren, die Geräuschkulisse. »Bleib liegen! Bleib bloß liegen! Beweg dich um Himmels willen nicht!«

Vielleicht hat mich ein Auto gepackt, versuchte ich mich zu erinnern. Das war möglich. Immerhin sind auf Rastplätzen eine Menge Autos unterwegs. Wenn dann da einer liegt ..., da kann eine Menge passieren. Das liest du jeden Tag in der Zeitung. Im Straßenverkehr kommt das ja ständig vor. Diesmal hatte es halt mich getroffen, aber ich hatte Glück gehabt, denn ich lebte und war da. Nur die Muskeln, die mussten sich noch erholen und es gebacken kriegen, dass der Unfall längst gewesen war.

»Du wolltest mir doch meine Beine richten«, wiederholte ich meine Bitte schon ein wenig sauer.

»Was meinst du, was von Beinen noch übrig ist, wenn ein Laster drübergefahren ist?«, fragte mein Vater zurück.

Und auf einmal war es ganz still. Im Zimmer, in mir und in meinen Eltern. Niemand sagte auch nur ein weiteres Wort. Alles war auf einmal deutlich und klar. Als würde ein Vorhang weggezogen, und dahinter erscheint nicht eine Theaterkulisse, sondern das ganze Grauen, das sich zeigt, wenn einem etwas richtig Schlimmes zugestoßen ist. Es ist erstaunlich, wie eine Wahrheit, die noch nicht ausgesprochen ist, ganz unmissverständlich im Raum stehen kann. Dass etwas, das noch keine Worte hat, schier fassbar wird. Oder unfassbar.

Es war mein sechzehnter Geburtstag. Das ist verdammt früh für so eine Geschichte. Ich drehte den Kopf zur Seite, so gut es eben ging und begann zu weinen. Ewig lang habe ich geweint. Meine Tränen rollten auf das Kissen, und ich schluchzte in einem fort. Ich wusste, dass nicht eben mal ein

Auto über mich gefahren war, sondern, dass meine Beine kaputt waren. Sie waren nicht müde. Sie waren ein einziger Matschhaufen, der sich nicht mehr bewegen konnte, weil er gar nicht mehr da war. Egal wie fit oder müde die dazugehörigen Muskeln waren. Es ist da was kaputtgegangen, dachte ich. Viel kaputtgegangen. Das wusste ich auf einmal ganz genau.

Und dann kam mein ganz großes Schlüsselerlebnis. Wenn ich daran nur denke ... Es waren nämlich nicht nur meine Eltern im Raum, sondern auch eine Psychologin, die ich jetzt, wegen der verheulten Augen, noch verschwommener wahrnahm, als ich eh schon verschwommen sah. Sie war ganz nah bei mir, aber nur mit ihrem Körper. Nicht mit ihrem Wesen, der Seele oder dem, was ich heute mit Sensibilität beschreiben würde.

»Herr Sitzmann«, hörte ich ihre Stimme. Sie war eindringlich, aber nicht nur deswegen unangenehm. »Herr Sitzmann, Sie sind jetzt in einer Lebenskrise!«

Ich dachte, mir geht das Messer in der Tasche auf. »Die hat doch 'nen Knall!«, dachte ich. Die ist doch nicht ganz knusper!

»Schaff die Alte hier raus!«, flüsterte ich meiner Mutter ins Ohr und war dankbar, dass ich gleich daraufhin mit meinen Eltern wieder allein im Zimmer war. Meine Stimme war ganz heiser. Ich konnte nach einer Woche Tubus im Hals kaum sprechen. Noch lieber hätte ich geschrien und getobt.

Für mich war klar, ich brauche keine Psychotante, entweder ich schaffe das mit meiner Familie oder gar nicht. Ich brauchte niemanden, der mir sagt, dass ich in einer Lebenskrise steckte.

Ich habe selbst gewusst, dass mein Leben jetzt nicht mehr so ist, wie es vorher war.

Heute muss ich darüber lachen. »Herr Sitzmann, Sie sind jetzt in einer Lebenskrise!« Damals war das eine absolute Katastrophe. Das hätte jeder Laie besser gekonnt. Ich wollte diese Frau auf keinen Fall mehr sehen oder hören. Als sie nach einer Woche wiederkam, lachte ich sie nur frech an und dachte, Mann, ich hoffe, ich bin nicht schon wieder in einer Lebenskrise. Aber sie hat dann nichts mehr gesagt.

WAS WIRD MICH ERWARTEN?
Erste Schritte ohne Beine

So merkwürdig das nun klingt, die erste Zeit war ich am meisten damit beschäftigt, mir darüber klar zu werden, wo ich überhaupt war. Wo um Himmels willen bin ich nur gelandet?, dachte ich immer und immer wieder.

Natürlich wusste ich, dass ich in einer Klinik war. Der Unfall hatte mich ja nicht blöd oder begriffsstutzig gemacht. Auch Ludwigshafen war mir ein Begriff. Aber ich kam aus dem Zimmer nicht hinaus. Ich hatte keine Ahnung, wo die Klinik lag. Wie sie aussah. Wie ich zu fahren hatte, wollte ich nach Hause. Wie hoch war dieses Haus? Wie viele Zimmer waren auf einer Station? Ich wollte wissen, wie die Welt vor meiner Tür aussieht. Wie die anderen Menschen. Wie die Schwestern.

Ich lag da in einem Zimmer und wusste nicht einmal, welche Farben der Stationsflur hatte. Vermutlich weiß.

Auch das Essen brachte keine Abwechslung. In der ersten Zeit durfte ich nur ein bisschen Wasser trinken und auf Limonenstäbchen herumlutschen. Dann, nach und nach, gab es auch was Richtiges zu essen. Aber das waren keine Feinschmeckermenüs, so viel kann ich verraten. Obwohl ich mit Sicherheit einer von denen auf der Intensivstation war, denen es besser ging. Viele waren auch seelisch nicht so stabil wie ich. Das habe ich damals schon gewusst.

Von den anderen Patienten ist immer mal wieder einer gestorben. Die Leute sind gekommen und gegangen, und ich lag einfach weiter da in meiner Box und hatte immer wieder mal eine Operation. Stierte in die Luft und versuchte, mich bei Laune zu halten. Tagsüber ging das ganz gut. Es war ja immer etwas los und Besuch bekam ich auch.

Aber diese beschissenen Nächte! Jeden Abend bekam ich einen Schlafcocktail gemixt, da war alles drin: Schlafmittel, Schmerzmittel, was weiß ich noch was alles. Alles schön in einer Ampulle. Ohne diese Medikamente hätte ich auch die Nächte wach gelegen. Keine Minute hätte ich gepennt. Mit diesen Drogen kam ich wenigstens zu ein paar Stündchen Schlaf. Wochenlang ging das so. Morgens aufwachen, aus dem Fenster stieren, abends Schlafcocktail. Ohne die Schmerzmittel ging überhaupt nichts. Wenn ich nachts aufwachte, dann hatte ich tierische Schmerzen. Das waren nicht nur Wundschmerzen, sondern auch Nervenschmerzen. Ich kann was aushalten, wegstecken, aber in diesen Stunden und Tagen musste ich schon ganz schön die Zähne zusammenbeißen.

Die »Grünen Damen« waren in dieser Zeit sehr hilfreich für mich. Eine echte Wonne. Du liegst da, kannst nichts machen, und es ist ja auch nicht immer jemand von der Familie da. Niemand kann dir was holen, am Kiosk irgendwas Dämliches besorgen. Das macht einen noch eingeschränkter, als man eh schon ist. Und diese Frauen, die ehrenamtlich arbeiten, kümmern sich um die Patienten. Man findet sie in Krankenhäusern und Altenheimen und sie sind für jeden da, der Hilfestellung braucht oder lange allein ist. Dann kann man mit ihnen sprechen oder sie lesen einem etwas vor. Sie tragen grüne Kittel, die sie vom anderen Krankenhaus-Personal unterscheiden. Deswegen der Name. Es gibt auch Männer, die heißen dann »Grüne Herren«. Bei mir waren es Frauen. Besser so.

Ohne die »Grünen Damen« wäre ich auf der Intensivstation aufgeschmissen gewesen. Immerhin waren das satte zwei Monate. Auch danach war ich noch wochenlang ans Bett gefesselt. Es ging nur Fernsehen schauen, dann wieder etwas essen, ein bisschen lesen, aus dem Fenster glotzen und den Wolken beim Vorüberziehen zusehen. Die »Grünen Damen« waren meine Rettung. Ich gab ihnen Geld und sagte: »Ich hätte gerne eine Schokolade und den Playboy oder ein anderes Fachblatt.« Und sie besorgten mir das Zeug. Natürlich haben sie ein wenig komisch geschaut, aber sie haben mir die Sachen am Kiosk geholt. So ein Playboy, der kann einem den Tag ganz schön erhellen. Das wussten sie und sprangen ohne ein Wort über ihren Schatten. Das war super. Dafür danke ich ihnen noch heute.

Irgendwann hatte ich nämlich auch mal wieder eine Brille und konnte tatsächlich nicht nur tasten, sondern auch lesen. Mein Vater hatte sich darum gekümmert. Er brachte verschiedene Gläser und Brillenfassungen ins Krankenhaus, und wir spielten ein bisschen Besuch beim Optiker. Ab da hatten die »Grünen Damen« mit mir zu tun. Lesen ist im Krankenhaus so wichtig. Neben dem Fernseher und dem Besuch sind Zeitschriften, Comics und Bücher das Tor zu Welt. Ich wollte teilhaben und nicht länger vom Leben ausgeschlossen sein.

Der Unfall hatte mich ungeduldiger gemacht. Ich lag im Bett und merkte, was ich alles noch konnte und was noch ging. In meinem Kopf waren viele Pläne. Ich wollte mit Stefan wieder Touren machen, und ich wollte wieder nach Holland. Was ich alles wollte!

Aber noch immer brauchte ich Geduld und immer wieder hieß es:»Herr Sitzmann, wir müssen noch mal operieren.« Die»Lebenskrise« war deswegen aber noch immer nicht bei mir eingetroffen. Wann kam sie denn endlich?

Die Blätter an den Bäumen wurden dann irgendwann rot und braun und sind vom Baum gefallen. Es wurde Herbst und Winter. Es gab Zeit. Minuten massenweise. Zeit. Die ich meist mit mir und meinen Gedanken verbrachte.

Ich motivierte mich damit, dass ich mir täglich vormachte, bald entlassen zu werden. Ganz kindlich habe ich das gehofft. Das war natürlich Blödsinn, und ich hätte das wohl wissen können. Aber ich wollte nicht. Jeden Tag sagte ich mir:»Bald schon ist es hier vorbei!« Aber die Heilung braucht Zeit. Manchmal sogar viel Zeit. Selbst wenn man so ungeduldig ist wie ich, muss man sich die Zeit nehmen. Beziehungsweise, die Heilung nimmt sich an Zeit, was sie braucht. Sie sagte dem Sitzmann:»Hier bestimme ich!«, und zähneknirschend antwortete ich:»Okay« – wohl ahnend, dass mir so und so keine andere Wahl blieb.

Für meinen Opa, der zwei Kriege überlebt hatte, war mein Unfall unglaublich belastend. Er saß an meinem Bett und weinte.

»Opi, was ist denn los?«, fragte ich ihn. »Gut, ich habe keine Beine mehr und zwei Katheter. Einen im Pimmel, einen im Bauch rechts, und links ist auch noch pures Fleisch zu sehen und da sind noch Kanülen – keine Ahnung für was – und jede Menge Schläuche, aber ich lebe doch. Ich kann essen, ich kann trinken und sogar fernsehen. Und ich kann mit dem Nachbarn, dem sie gerade einen halben Fuß abgenommen haben, noch herumblödeln.«

Als ich auf die normale Station kam, hatte ich dann wenigstens so einen Schiebe-Liegesessel, auf dem ich mich durchs Krankenhaus bewegte. Endlich raus! Mal andere Luft schnuppern als Krankenhausmief. Stefan, mein Daddy und meine Brüder kamen regelmäßig und begleiteten mich vor die Tür. Auf der anderen Straßenseite des Krankenhauses war eine Pommesbude. Mein kleines Paradies. Würstchen und Pommes, Currywurst ... ein kulinarischer Traum! Das war ein Erlebnis!

Die meisten Menschen gehen ja davon aus, dass man als Mensch ohne Beine sofort gut versorgt wird. Dass es Hilfsmaßnahmen gibt und einen Rollstuhl und die einzige Herausforderung die ist, mit ihm umzugehen. Schön wär's! Die meisten Rollstühle passen nämlich erst mal nicht. Es ist etwa so, als würde man einem Kind das Laufen beibringen und ihm dafür die Gummistiefel vom Vater anziehen. Viel zu groß sind diese Dinger und von Ästhetik ganz zu schweigen! Ich ging damit fröhlich auf Tour und wurde fast verrückt. Mehr als einmal gondelte ich eher im Gang herum und rammte an die Wände. Das lag auch an dem blöden Rollstuhl, der einfach total schwergängig war. Der legte sich überhaupt nicht in die Kurven. Ein 08/15-Chopper. Ein echtes Stahlschwein. Ja gut, ich will nicht meckern, erst einmal war es ein tolles Gefühl, überhaupt wieder von der Stelle zu kommen. Es war die halbe Miete, überhaupt ein Gefährt unter dem Hintern zu haben.

Ich bin am Anfang mehr als einmal ordentlich auf den Arsch gefallen. Und zwar im wahrsten Sinn des Wortes: aus dem Rollstuhl. Vorne raus und hinten raus. Bin mit den kleinen vorderen Stützrädchen im Aufzugsschlitz hängen geblieben und aus dem Rollstuhl erst einmal schön in den Aufzug reingefallen. Der Rolli war draußen und ich war drinnen.

Ja, super, das war schon nicht ganz einfach. Meistens waren irgendwelche netten Menschen in der Nähe, die mich dann am Kittel wieder in die Karre reingezerrt haben. Das war mir dann schon auch peinlich, aber es gibt kein Mobilitätstraining im Krankenhaus. Niemand bringt dir Rollstuhlfahren bei.

Ich war aber unermüdlich und ließ mich nicht abhalten. Machte immer weiter. Kinder haben auch aufgeschlagene Knie, ermutigte ich mich, bis sie dann irgendwann einmal Fahrrad fahren können. Das gehört einfach dazu. Das muss so sein.

Nach vier Monaten war ich im Rollstuhlfahren fit. Und war auch gleich so weit, dass ich schon wieder Pläne machen konnte. Wenn schon Rollstuhl, malte ich mir aus, dann muss er schwarz sein und einen Sturz haben. Ein richtig sportliches Gerät stellte ich mir vor. Ein Sturz ist eine negative

Neigung der Räder und für den Sport gedacht. Da kann man sich schneller drehen und so. Das stabilisiert den Stuhl, er ist nicht so kippgefährdet. Irgendwer hatte mir davon erzählt. Dass ein Sturz nicht alle Probleme lösen würde, war mir klar. Aber, meine Güte, an irgendeiner Stelle musst du mit dem Leben ja wieder beginnen. Meine ersten Vitalitäts-Schübe hießen also »Sturz« und »Frauen«.

Dass es nicht nur eine Art von Frau gibt, hatte ich vor dem Unfall schon gelernt. Dass es auch verschiedene Rollstühle gibt, ja, sogar eine echte Auswahl, das habe ich erst sehr viel später festgestellt. Etwa zu der Zeit, als ich bei »Rehability« meinen Job antrat. Rehability ist ein Reha-Fachhandel. Ich hatte dort einen kaufmännischen Job, eigentlich macht man ja in solch einem Laden alles, wenn man sich dafür begeistert. Und das tat ich. In diesem Laden, der alles hat, was der Behinderte so braucht, entdeckte ich, dass es sogar ganze Kataloge mit verschiedenen Rollstuhlmodellen gibt. Und ich saß direkt an der Quelle, hatte alle Neuheiten jederzeit präsent und war damit auch in puncto Styling immer auf dem Laufenden. Das gefiel mir. Bei Rehability begriff ich, dass man sich auch als behinderter Mensch nicht von der Mode verabschieden muss und dass es eine Auswahl gibt. Es gibt eine Wahl!

WIR GEHÖREN ZUSAMMEN
Freunde fürs Leben

Wird über den Unfall oder von mir gesprochen, dann ist bei der nächsten Frage Stefan dran. Er hatte das Motorrad gelenkt, also er hängt mit drin. Zwei Mann und ein Unfall in einem Boot. Freundschaft ist für mich etwas ganz Wichtiges im Leben. Wegen einer Freundschaft habe ich meine Beine verloren, könnte man fast sagen. Obwohl das so natürlich nicht stimmt, denn es war ja nicht wegen der Freundschaft, sondern weil ich mit Stefan unterwegs war. Oder er mit mir. Dann passierte der Unfall und seitdem gehören wir zusammen: der Stefan, der Unfall und ich.

Stefan und ich lernten uns schon sehr früh kennen. Damals war ich gerade mal 13 Jahre alt und er 18. Wir haben beide in einem Ferienlager für Kinder gearbeitet. Ich war noch Hospitant und er schon Betreuer. Wir verstanden uns auf Anhieb super und haben sehr gut miteinander harmoniert. In so einer Kinderfreizeit lernst du dich gut kennen, weil man einerseits eine Leichtigkeit lebt und andererseits für die Kinder Verantwortung trägt. Man bastelt viel, geht wandern, macht Musik, abends gibt es ein Lagerfeuer, und wenn die Kinder in den Betten sind, sitzen die Betreuer zusammen und machen es sich gemütlich. Es war eine rundum schöne Zeit.

Stefan hatte damals schon eine 350er Yamaha. Logisch, dass ich große Augen machte. Er hatte das Motorrad ganz frisch.

Für alles, was auf Rädern fährt, konnten wir uns schon immer zusammen begeistern. Über Motorräder und Autos sprechen, daran rumschrauben und schauen, was man aus einer solchen Kiste zaubern kann. Ich bin gerne unterwegs und Stefan auch, also war es von Anfang an klar, dass wir uns gemeinsam auf den Weg machen würden, die Umgebung zu erkunden und Ausflüge zu machen. Und einer dieser Ausflüge hatte eben Folgen.

Zu dieser Zeit war Stefan noch Installateur. Die Erzieherausbildung hat er erst nach unserem Unfall begonnen. Dafür musste er noch einmal die Schulbank drücken. Realschule, Fachschule, nebenbei Pizza ausfahren und so weiter. Er ist auch schon immer sportlich gewesen, Hessen-Meister in Leichtathletik und andere feine Sachen. Wenn der Stefan etwas will, dann zieht er es durch. Eisenhart. Aber das mit der Erzieherausbildung, dafür ziehe ich heute noch meinen Hut vor ihm. Er hat sein größtes Hobby zum Beruf gemacht, und das finde ich wirklich toll.

Stefan und ich, wir sind das, was man wirkliche Freunde nennt. Wir gehen zusammen durch dick und dünn, stehlen Pferde, wenn es sein muss, halten auch gegenseitig unsere Frauen aus, stehen füreinander ein, führen Männergespräche, spornen uns an, konkurrieren manchmal, machen echten Blödsinn, die Gegend unsicher und versuchen, unser Leben zu gestalten. Und daran hat auch der Unfall nichts geändert. Ganz im Gegenteil.

Vielleicht muss man nach solch einem gemeinsamen Erlebnis sogar zusammenbleiben, damit man überleben kann

– und damit meine ich jetzt uns beide. Wir mussten zusammenbleiben und weitermachen. Ich habe Stefan zum Leben gebraucht und er mich. Wir beide hatten gemeinsam all das erlebt, und gemeinsam leben wir mit den Folgen.

Für mich stand unsere Freundschaft nie in Frage, und ich habe auch nie einen Schuldigen gesucht. Manche Menschen können sich das nicht vorstellen. Viele denken, dass man in solch einem Fall nicht verzeihen kann. Dass das nicht gut möglich ist. Dass ich jedes Mal, wenn ich Stefan sehe, daran erinnert werde, dass auch ich mal zwei Beine hatte. Aber es gibt da nichts zu verzeihen. Es ist passiert, fertig. Stefan flog auf die eine Seite und ich auf die andere. Er hat mich ja nicht geschubst, sondern es war halt ganz einfach so. Also muss ich ihm auch nichts verzeihen.

Natürlich könnte man jetzt meinen, dass man in meiner Situation gar nicht anders kann, als dass man dann laut »Scheiße!« schreit und den anderen anbrüllt: »Du bist schuld!« Einfach aus dem Schock, aus der Emotion heraus. Da ist was total kaputtgegangen, das Leben spielt mit einem Mal eine ganz andere Melodie. Aber so etwas habe ich nie gebraucht.

Schuldfragen klären so oder so nichts. Es wachsen keine Beine nach, und es werden dadurch keine Westen rein. Vielleicht gibt es Menschen, denen es besser geht, wenn sie mit dem Finger auf jemand zeigen und ihre Sorgen auf ihn schieben können. Solche Sorgen lassen sich aber nicht verschieben. Nicht verschieben und nur schwer teilen. Gemeinsam kann man Sorgen aber tragen, nur muss man dann befreundet sein. Echt befreundet. Mit Hass und Vorwürfen geht das nicht. Sorgen lassen sich nur dann teilen, wenn zwei Menschen miteinander verbunden sind.

Es gab für mich also keinen Grund, die Freundschaft mit Stefan infrage zu stellen. Dafür bedeutet er mir zu viel. Er ist spontan, er ist kreativ, ein super Zuhörer und ein Spinner. Das habe ich schon immer an ihm gemocht. Ein Typ, der dich immer wieder von Neuem verblüfft und auf den du dich gleichzeitig total verlassen kannst. Ich weiß, dass wir im richtigen Moment die richtige, gemeinsame Sprache sprechen können, wenn wir das wollen oder wenn wir das müssen. Das gibt auch ein Gefühl von Geborgenheit. Also, um es mal auf den Punkt zu bringen, wenn Stefan eine blonde Frau gewesen wäre, dann hätte ich ihn geheiratet. Ein B-Cup hätte gereicht. Er hat aber nicht mal A.

In all den Jahren haben wir echt schon viel miteinander ausgeheckt, völlig hirnlose Geschichten, aber gleichzeitig können wir auch sehr ernst miteinander reden. Oder gar nicht sprechen. Wir sind Genießertypen, Lebemänner. Sonntage mit Stefan können wunderbar sein. Wir sind zusammen, jeder liegt in seinem Sessel, rechts eine Flasche Bier, links ein Kippchen, und dann machen wir so etwas wie Kaffeeklatsch.

Gleich nach dem Unfall ging das natürlich nicht. Stefan hat sehr mit mir gelitten. Dass wir unsere Freundschaft halten und weiter festigen konnten, dazu haben auch meine Eltern einen großen Teil beigetragen. Stefan war nach dem Unfall nämlich total fertig. Absolut deprimiert und voller Schuldgefühle. Mir kam es manchmal so vor, als müsste ich ihn aufbauen. Ich glaube, er wollte sich sogar das Leben nehmen, obwohl ihn niemand von uns belastet hat. Ich nicht und meine Eltern auch nicht.

Stefan hatte damit gerechnet, dass meine Eltern ihm die Schuld geben und diese Schuld auf seinen Schultern lassen. Aber meine Eltern sind nicht so gestrickt. Ganz im Gegenteil. Als der Unfall passierte, da nahmen sie ihn unter ihre Fittiche und sagten: »Wir müssen uns jetzt alle so oft wie möglich treffen!« Und sie sagten ihm auch: »Nein, du hast von uns aus keine Schuld, wenn du dir das jetzt nicht selbst einredest. Und der Flo gibt dir auch keine Schuld, weil ihr gemeinsam besprochen hattet, dass ihr noch fahren wolltet. Und es ist eben passiert, was passiert ist ...«

Meine Mutter meinte noch: »Ihr seid jetzt durch dieses Schicksal noch mehr zusammengeschweißt. Ihr wart normale gute Freunde, aber jetzt seid ihr richtige Brüder. Mit Indianerehrenwort und Blutsbrüderschaft ...«

Und so ist es auch gekommen. Obwohl mir Stefan auch manchmal tierisch auf die Nerven geht. Zwar sehr selten, aber das gehört dazu, finde ich. Zu einer echten Freundschaft.

Stefan war immer mit dabei. Egal, wo ich war. Klinik, Reha, erste Rollstuhl-Fahrversuche. Er ist meinen ganzen Weg mitgegangen, und er war glücklich und erleichtert, wenn ich wieder Fortschritte gemacht hatte. Wenn ich etwas dazugelernt oder erreicht oder wieder mehr im Griff hatte. Mit jedem Schritt, mit dem ich einem selbstständigen Leben näher kam, waren er und auch die anderen beruhigter. Ich rehabilitierte sie dadurch, dass ich mich rehabilitierte.

Es hat ihnen geholfen, dass ich von Grund auf ein so zuversichtlicher Mensch bin. Sie sahen, dass ich weiter am Leben teilnahm und darüber hinaus: sehr gerne lebte. Durch meine Lebensfreude konnte auch Stefan wieder Lebensfreude gewinnen.

Das dauerte bei mir nicht lange. Es ging schon in der Klinik los. Ich war noch komplett mit Schläuchen verstöpselt und zwinkerte bereits den Krankenschwestern zu. Stefan ging es wie mir mit jedem Tag besser. Je mehr ich selbst geregelt bekam, desto mehr atmete er auf.

Manchmal überfallen Stefan dennoch dunkle Gedanken. Das kann auch heute noch passieren. Ich nehme diese Schuldgefühle bei ihm wahr, aber ich spreche sie nicht an, weil ich glaube, dass Worte dann nicht weiterhelfen. Er ist dann einfach genervt. Vielleicht besonders, wenn bei mir mal wieder etwas nicht so klappt, wie es mit zwei Beinen klappen würde.

Oder früher, wenn es bei mir irgendeinen Rückschritt gab, oder ich noch eine Operation mehr hatte. Oder wenn ich eine Blasenentzündung habe. Das ist eine Folge des Unfalls und kommt immer wieder mal vor. Das treibt ihn dann innerlich zur Weißglut und er beginnt zu schnaufen. »Hast du schon wieder eine Blasenentzündung? Ach Gott, nee, Scheiße!«

Ich kann das für mich übersetzen: Er macht sich tief in seinem Innersten wieder Vorwürfe. Aber für mich bedeutet Blasenentzündung nichts anderes als Blasenentzündung, oder was es im Einzelfall halt eben ist. Da muss ich ihm in meiner lockeren Art dann sagen »Es ist jetzt so. Was soll ich denn machen? Soll ich mich darin suhlen? Das bringt mir doch gar nichts. Es geht auch wieder vorbei.« Da muss man sich dann eben durchbeißen.

Er ist immer für mich da, und wenn ihm etwas passieren würde, dann wäre ich für ihn da. Ich wäre sofort an seiner Seite. Ich würde mir alle Zeit dieser Welt freischaufeln. Da würde ich nicht lange überlegen. Egal, wo er auch wäre, ich würde sofort hinfahren und nach ihm sehen. Und wenn es ein schlimmer Unfall wäre, einer mit Folgen, ähnlich wie meiner, dann würde ich überlegen, wie ich ihm am besten helfen kann. Ja gut, ich fände es schlimm, aber es ist auch so, dass ich damit ja meine Erfahrungen gemacht habe und mich ein wenig auskenne. In Situationen wie diesen stehe ich nicht mehr komplett im Dunkeln. Ich hätte in diesem Fall so etwas wie einen Überblick. Bestimmt würde ich die Ruhe bewahren.

Wenn es nur eine körperliche Behinderung wäre, oder so etwas, was einfach wieder heilt, dann würde ich ihm sagen: »Hey Alter, Scheiße gelaufen, hast vielleicht die Beine gebrochen oder den Arm oder hast ein riesen Horn am Kopf, aber das geht wieder weg. Beiß' dich da durch! Was willst du? Den Playboy? Schokolade? Sag mir, was dich glücklich macht, ich werde es dir besorgen.« Irgendwann ist alles überstanden. Und wenn es eine Zeit dauert, dann ist das halt so. Fertig.

Ich würde versuchen Stefan zu motivieren, das Leben so zu nehmen, wie es ist. Aus Lebensbedingungen, die man nicht ändern kann, muss man das Beste herausholen. Ich würde ihn sicher anflachsen und mit ihm herumalbern, um ihn aufzumuntern. Aber ich würde immer auf ihn aufpassen.

Wäre es etwas, das irreparabel ist, so wie bei mir, dann würden wir meine Erfahrungen einfach nutzen. Was das angeht, hätte ich dann so etwas wie einen »Heimvorteil«. Es würde also irgendwie weitergehen. Stefan hat genügend Ziele und will noch viele Sachen machen, Kreativität hält dich immer am Leben.

Am besten ist es nach meiner Erfahrung, wenn man nicht vergisst, dass es Menschen gibt, die auch ein schweres Schicksal tragen und denen es vielleicht sogar noch schlechter geht. Oder dass man danach schaut, was geht und nicht danach, was nicht geht. Klar, manchmal ist da eine Herausforderung. Ich traf mal einen, der war bis zum Hals gelähmt, und der war einfach froh, dass es hier in Deutschland super Hilfen gibt. Ganz anders als in einem Entwicklungsland. Wie wäre es ihm wohl dort gegangen? Ich weiß, das klingt jetzt hart. Aber so ist es. Wenn man mit dem Jammern beginnt, hat man verloren. Es tut manchmal gut, einen Schritt auf Abstand zu gehen und sich sein Leben aus der Distanz zu betrachten. Dann wird oft ganz schnell klar, dass es einem eigentlich sehr gut geht. Obwohl man keine Beine hat oder sonst etwas fehlt.

Aber man hat noch alles andere. Man hat nämlich noch einen klaren Verstand, kann essen und trinken und hat ein

Dach über dem Kopf, vielleicht eine Arbeit, vielleicht sogar eine Freundin. Viele Menschen haben Freunde, auf die sie sich verlassen können.

Mit Stefan gibt es selten Unstimmigkeiten, weil wir uns gegenseitig sehr akzeptieren und respektieren. Und weil wir vielleicht auch nicht immer einer Meinung sind. Das bleibt dann einfach so stehen, und dann ist es okay. Wir diskutieren nicht alles bis zum Allerletzten aus. Das würde sowieso nichts ändern.

Es gab nur eine Situation, von der ich vielleicht sagen könnte: Da ist er mir tierisch auf den Keks gegangen: Irgendwann, ein paar Jahre nach dem Unfall, hatte seine Mutter selbst einen schweren Unfall. Er konnte von nichts anderem mehr reden. Mir ging das mit der Zeit wahnsinnig gegen den Strich. »Sie lebt doch noch«, habe ich gesagt, »und wird auch wieder laufen können. Und sei es auch mit einer Gehhilfe. Das ist doch nicht schlimm!«

Stefan hat sich aber dieser Situation und seinem Gefühl total hingegeben. Er ist regelrecht darin versunken. Dieser Unfall damals hat seine Tage überschattet. Ich bin dann irgendwann tierisch ausgerastet. «Freundchen, weißt du was? Ich habe gar keine Beine mehr und werde auch nie wieder laufen können. Und du jammerst mir hier vor, dass deine Mutter ein paar Schrauben im Bein hat! Das kann ja wohl nicht dein Ernst sein!«

Daraus ist ein richtiger Streit entstanden. Das Ende war, dass wir tatsächlich sechs Wochen lang nichts voneinander gehört und gesehen haben. Ich wollte den Streit auch gar nicht friedlich beenden. Seine Haltung war für mich nicht zu verstehen und ich agierte nur aus meiner Sicht. Hätte er sich bei mir nicht gemeldet, wir hätten uns sicher noch länger nicht gesehen.

Dann haben wir uns aber irgendwann wiedergetroffen, haben noch einmal kurz über die Sache gesprochen, und dann war das Thema erledigt. Na ja, ich bin ja auch kein nachtragender Typ und schließlich ist er ja auch mein bester Freund. Mit seinem besten Freund kann man auch mal ordentlich streiten. So, wie es sich gehört. Aber das war auch der einzige richtige Streit in unserer 19-jährigen Karriere als Freunde. Und so darf es auch gerne bleiben.

Seid ihr mit mir?
Bonus und Malus

Seit dem Unfall habe ich ganz klar den »Behindi-Bonus«. Ich hätte das – weiß Gott – nicht gebraucht! Aber wenn die Leute meinen, dass es nötig ist, dann sollen sie ihn mir geben. Was das angeht, hast du als Behinderter auch keine Wahl. Die Menschen haben ein Bild von dir, und sie haben auch eine Vorstellung davon, was du brauchst, damit dein Leid erträglicher wird.

Wir reden hier nicht von »glücklicher« oder »erfüllter«, sondern »erträglicher«. Und wir reden schon gar nicht von dem, was es braucht, damit Lebensziele und Wunschträume in Erfüllung gehen.

Die Menschen, die angeblich gesund sind, wirken auf mich manchmal so, als würden sie über Behinderte denken: Ja, lass die mal. Gib ihnen etwas zu spielen und ein bisschen Anerkennung. Dann wird das schon, und sie geben Ruhe. So sehen viele auch die Behindertenolympiade. Sie tun so, als würde sie das interessieren, aber im Grunde ist es wie mit dem Frauenfußball: lauwarm. Die Behindertenolympiade wird unterstützt und mit Toilettenhäuschen gesponsert. Eintritt frei!

Dass das so ist, hat mit beiden Seiten etwas zu tun. Mit denen, die die Toilettenhäuschen aufstellen und mit denen, die sich über ihren Behindertenausweis definieren. Ich gehöre nicht mehr zu der einen und noch lange nicht zu der anderen Sorte. Mit oder ohne Beine blieb ich der, der ich war. Manches fiel mir nicht mehr so leicht ohne Beine. Vieles ist unbequem geworden. Wenn ich zum Beispiel tanke und der Stutzen ist auf der falschen Seite und es regnet auch noch, dann ist selbst der Tiger im Tank ein Akt. Rollstuhl raushieven, mit dem Zapfhahn um das Auto rollen, im Regen tanken, der ganze Zirkus wieder zurück und dann zur Kasse, zu der ich aber nicht komme, weil es einen meterlangen Randstein gibt.

Aber wie hoch oder lang die Randsteine waren oder wie eng die Randgruppe, in die man mich stecken wollte, ich habe zu keiner Zeit gedacht, dass das Leben vorbei ist. Ich fühlte mich niemals behindert.

Das Einzige, und das meine ich genau so, wie ich es sage, das Einzige, was mich behindert, ist die Gesellschaft um mich herum. Der Vergleich: Wenn ich nach Holland fahre, dann bin ich immer und überall mit dem Rollstuhl frei. Dort ist alles so bequem erreichbar, vielleicht weil es ein Fahrradland ist. Überall abgesenkte Bordsteine! Wenn du hier durch die Städte fährst, dann kann es sein, dass es nur Bordsteinhürden gibt. Das ist lästig, aber ich lasse mich auch dadurch nicht »behindern«.

Wenn ich nur hohe Bordsteine vorfinde, dann suche ich mir eben einen anderen Weg. Ich rege mich nicht darüber auf, ich schaue mir die Sache vorher an und denke, na alles klar – da kann ich nicht hoch, dann geht es eben woanders weiter. Aber ich gehe damit ganz ruhig um.

Wenn es Grenzen gibt, die mit meiner Behinderung zu tun haben, dann betrachte ich mir auch dann die Situation. Ich habe schon so oft Grenzen überschritten, auch meine eigene Leistungsgrenze, dass ich in diesem Punkt sehr starkes Zutrauen in mir spüre. Ich muss auch nicht mehr alles haben. Wenn ich beispielsweise vor einem Turm stehe, der 580 Stufen hat, dann muss ich da nicht hoch. Will ich aber doch, dann komme ich auch hoch. Ich muss auch nicht mit dem Rollstuhl durch den Schnee spazieren, weil ich genau weiß, dass mich das nervt. Es ist kalt, und ich komme nicht richtig voran. Also lasse ich es bleiben. Winter und Eis sind keine Herausforderungen für mich. Würde ich unbedingt Schlitten fahren wollen, wäre das freilich eine andere Situation.

Holland und die skandinavischen Länder gehen auch im alltäglichen Leben anders mit Behinderungen um. Wenn du in Deutschland sagst, dass du behindert bist, dann denken doch alle gleich an einen sabbernden Spastiker, der vielleicht gerade noch ein bisschen sprechen kann, aber sicher kein eigenes Leben führen. Dabei gibt es auch das!

In Holland, in Skandinavien und auch in der Schweiz wird man eher so gesehen, dass man halt ein Päckchen auf dem Buckel trägt, nämlich eine Behinderung und wenn man das smart handelt, dann wird man angespornt und immer als Mensch gesehen und respektiert. Ähnlich ist es in Deutschland zwar auch, aber es gibt noch jede Menge Berührungsängste. Das Eis ist nicht so schnell gebrochen.

Das hat aber keine Auswirkungen auf mich. Ich bin ein kommunikativer Typ, und wenn ich etwas will, dann gehe ich auf die Menschen zu und signalisiere ihnen, dass ich selbst mit meiner Behinderung kein Problem habe und sie deswegen auch keines haben müssen.

Oft kommt es gar nicht so weit. Bevor die Menschen mitkriegen, dass mir die Beine fehlen und sie entsprechend merkwürdig reagieren können, haben sie mir schon in die Augen geschaut, und ich habe sie für mich eingenommen. Vielleicht sind sie erstaunt, vielleicht auch begeistert, davon, wie locker ich mit meinem »Handicap« umgehen kann. In diesem Moment haben sie die Behinderung bereits vergessen. Deswegen hat mich auch selten jemand schlecht behandelt. Im Grunde bin ich bloß ganz natürlich und lasse es einfach nicht zu, dass mich jemand als behindert behandelt. Nicht mehr ist es und nicht weniger.

Ich bin ja auch von niemandem abhängig. Höchstens von der Droge Frau, und das bin ich sehr gerne. Da hat sich die Natur eine schöne Behinderung einfallen lassen, denn ohne Frauen geht für mich wirklich nichts.

WIR HABEN ALLES GUTE VOR UNS
Die Marke Sitzmann

Wie man mit einer Behinderung umgeht, ist wahrscheinlich und letztendlich eine Typfrage. Aber wenn du aufwachst und keine Füße mehr hast oder keine Arme, dann weißt du ziemlich schnell, ob du noch Bock auf diese Welt hast oder nicht. Dass immer wieder einmal ein Tief kommt, das ist doch ganz normal.

Dein Körper fordert deine Geduld, auch wenn du gerade in die Tischplatte beißen könntest. Weil du zum Beispiel schon wieder ins Krankenhaus musst, weil etwas noch nicht in Ordnung ist oder noch nicht klappt. Meine Güte, das nervt natürlich tierisch. Das zehrt an deiner Kraft und deinen Nerven.

So ein neuer Körper bringt viele Nachteile mit sich. Das kann jeder nachvollziehen. Aber eines ist sicher: Mit so einem Körper bist du definitiv kein Standardmodell. Du bist etwas Besonderes, das ist offensichtlich.

Nach einem solchen Unfall gibt es eigentlich nur zwei Möglichkeiten: Entweder ziehst du dich mit deiner Behinderung zurück und klagst über das Leid, was über dich hereingebrochen ist. Oder du trittst die Flucht nach vorne an.

Ich habe mich für den zweiten Weg entschieden.

Es gibt ein Buch über Zen mit dem Titel »Wenn dein Bogen zerbrochen ist, dann schieß!« So ähnlich habe ich es auch gemacht. Ich hatte keine Chance, also nutzte ich sie. Ich war kein Standard mehr, also wurde ich eine Marke. So hatte mir das ein Freund erklärt, der im Marketing tätig ist. Als ich das hörte, kamen mir sofort ein paar neue Ideen, die weit weg von dem Gedanken »Opfer« und »Unglück« führten. Alleine wäre ich darauf gar nicht gekommen. Eine Marke zu sein ist gut, aber Marken benötigen eine besondere Pflege. Man kann da nicht in Allerweltsrezepten denken. Was mich angeht, betrifft das mein ganzes Leben, z. B. den Ausbau meiner Wohnung, das Bad, das Treppenhaus, die Autos und auch die verschiedenen Therapien. Alles ist individuell. Alles behindertengerecht. Eben »markengerecht«.

In der Praxis heißt das: immer wieder neue Ärzte aufsuchen, die sich spezialisiert haben und sich deswegen noch ein bisschen besser auskennen. Termine ausmachen. Abwarten. Krank werden. Wieder liegen, weil es dem Körper gerade zu viel ist. Mein Körper ist nicht vergleichbar mit anderen Körpern. Oft muss ich einsehen, dass etwas jetzt gerade nicht geht. Vielleicht später.

Diese Warterei hat mich oft schier verrückt gemacht. Ich wollte sofort und nicht warten und mich nicht pflegen. Wollte mit Kumpels ein Bier trinken gehen oder mit einer hübschen Frau flanieren. Ging nicht. Marke Sitzmann hatte gerade ein anderes Programm.

Wenn man JA zum Leben sagt, dann muss man genau da durch. Und wenn du gerade körperlich nicht so stark bist, dann musst du halt mental stark sein. Ich habe diese Tiefs auch durchlebt und erlebe sie immer wieder. Aber ich bin und war nie depressiv. Ich habe einfach nur gedacht: »Oh Scheiße, es klappt mal wieder nicht, so, wie ich will.« Ich war eher verärgert darüber und zornig. In den Momenten ist es allerdings schwer, sich als einzigartige Marke zu betrachten.

Ich lag im Krankenhaus und meine Eltern waren verzweifelt. Und meine Großeltern erst. Wie gesagt: Mein Opa hat den Krieg miterlebt. Diese ganzen Männer, die zu der Zeit verstümmelt waren und die auf Krücken aus dem Krieg kamen! Mein Großvater bekam durch meinen Unfall einen regelrechten Schock. Er saß an meinem Bett und weinte nur noch. Ich musste ihn trösten, damit er wieder aufrecht stehen konnte. Sehr bald begriff ich, dass es meinem Umfeld auch besser geht, wenn es mir besser geht. Das war eine ganz wichtige Erkenntnis. Je vitaler ich wurde, desto mehr fanden auch die anderen wieder ins Leben. Ich hatte keine Beine mehr, und die anderen waren wie gelähmt.

Manchmal, wenn ich nachts fahre, steigen diese Bilder in mir auf und ich bin froh, dass wir das alle so gut hingekriegt haben und ich davon erzählen kann.

Mir hilft, wenn es etwas gibt, auf das ich mich freuen kann. Das kann durchaus etwas ganz Kleines sein. Oder ein richtig großes Ding. Ein Ausflug, ein Satz neuer Reifen, ein geiles neues Handbike, ein neues Spiel für die Playstation oder ein neues Auto. Ich habe mir oft Sachen gekauft, auf die ich mich gefreut habe und habe mich damit sozusagen befriedigt. Ich habe irgendwelche Kumpels getroffen und habe mit denen eine coole Zeit verbracht oder Gitarre gespielt. Musik war in meinem Leben immer schon ein Mittel, einen neuen Weg zu finden. Ich habe oft nachts im Auto bei meinen Fahrten Xavier und die Söhne Mannheims gehört und laut mitgesungen. Das tue ich heute auch immer wieder. Die meisten Liedtexte kenne ich auswendig, und immer kommen mir dabei neue Gedanken und Ideen. Musik ist der Schlüssel zu meiner Seele. Sie macht mich auf, hält mich munter und schickt mir Botschaften, wie es weitergeht, was mein Leben braucht und woran ich mich erfreuen könnte. Ich bin ein Kämpfer, ein Sportler, und beide brauchen Ziele. Und wenn es Ziele sind, auf die ich mich zutiefst freue, dann wirkt alles noch viel besser. Ziele und Menschen.

Solche Momente waren sicher auch ein Wink mit der Fahne, auf der stand: Hey, das Leben ist geil und noch lange nicht zu Ende. Du hast zwar keine Füße mehr, aber die schönen Frauen kommen trotzdem noch zu dir. Ist das denn nicht genial?

Während ich das schreibe, muss ich gleich an Cornelia denken. Sie war vor dem Unfall meine große Flamme. Unerreichbar war sie für mich. Bis sie mich nach dem Unfall im Krankenhaus besuchte. Da hielt sie meine Hand, musste auch ein wenig weinen und fand das alles ganz, ganz schlimm. Bevor sie ging, gab sie mir einen Zungenkuss, der war so herzhaft, dass ich ihn mein ganzes Leben lang nicht vergessen werde. So liebevoll, so warm und so weich, der hat so gut geschmeckt und mir Kraft gegeben. Das war echt ein Kracher.

Früher, mit zwei Beinen, da konnte ich baggern, bis ich schwarz wurde und kam im Zweifelsfall keinen Zentimeter weiter. Jetzt, ohne Füße, begannen die Schönheiten mit mir zu flirten. Sie streichelten mir die Wange, fassten mich an und küssten mich auf Stirn und Mund. Himmlisch war das! Durch den Crash verbesserten sich meine Chancen! Auf einmal musste ich mich gar nicht mehr beweisen und mit anderen Typen konkurrieren. Jetzt war ich gleich zu Beginn ganz anders.

So eine Situation filtert übrigens ganz schnell raus, wer die wahren Kumpels sind und wer nur kommt, weil er halt mitkommt. Viele von den Freunden waren traurig und konnten es nicht richtig begreifen, dass ich jetzt keine Beine mehr hatte. Jungen können eh nicht so gut reden. Die Mädels aber waren gesprächig und hielten mir die Hand. Sie waren ganz fürsorglich, ganz zart. Ich merkte, dass sie mich anders sahen. Ich war für sie etwas Besonderes geworden. Ohne, dass ich etwas unternahm, unterschied ich mich von meinen Kumpels. Sie glaubten mir mehr, und sie vertrauten mir auch mehr. Und das nur aufgrund meiner fehlenden Beine. Ich habe dieses Gefühl einfach genossen und dabei gemerkt, dass ich viel verloren und offenbar auch viel gewonnen hatte. Zuerst war ich nur anders und besonders. Dieses Andere und Besondere macht mich zur Marke. Und diese Marke pflege ich.

Ich habe eine Webseite, mache PR, setze mich für andere Menschen ein. Meine Behinderung kann eine rollende Litfaßsäule für gute Projekte sein. Ich unterstütze als »Marke Sitzmann« Initiativen und soziales Engagement.

Das war auch vor dem Unfall schon so. Ich war auch damals schon ein Typ, der gerne in den Biergarten ging und sich mit Mädchen traf. Danach kam aber etwas dazu. Da ist vielleicht auch so etwas wie Bewunderung mit im Spiel, aber vor allen Dingen wirke ich, weil ich nicht durch die Behinderung sozial wurde, sondern es auch schon vorher war. Weil ich mich immer schon interessierte: für andere Menschen, für besondere Projekte und für Frauen allemal.

Dieser Weg
wird kein leichter sein
Sitzmann lernt sitzen

Wenn Menschen sich einen Unfall vorstellen, wie er mir passierte, dann finden sich in den meisten Köpfen diese Vorher-nachher-Crash-Bilder. In meinem Fall sieht das etwa so aus: der Sitzmann auf dem Motorrad 2 Meter groß – Unfall – der Sitzmann im Rollstuhl 1 Meter groß. So, als lägen diese beiden Bilder ganz nah beieinander. Tun sie aber nicht. So schnell läuft der Film nicht!

Der Crash ist kurz, aber die Zeit zwischen einem 2-Meter-Typen zu einem wirklichen Sitzmann ist lang. Viele Operationen liegen dazwischen. Schmerzen, Wut, Tage, Wochen, Monate in Krankenbetten in sterilen Krankenzimmern, Transporte mit dem Krankenwagen zu anderen Krankenbetten in andere sterile Krankenzimmer, gelegentlich Verzweiflung, gelegentlich Lachen und viel, viel Reha.

Wenn mich etwas gequält hat, dann das. Diese Reha-Zeit war für mich nichts, denn sie war nicht nur seelisch grausam, sondern sie dauerte auch ewig lang. Viel zu lang für meinen Geschmack!

Dieses Rehazentrum! Natürlich auf der grünen Wiese! Viel Natur, wenig Leben. Das habe ich mit der Zeit kapiert: Reha-Zentren haben immer eine beschissene Lage. Dass man ja nicht auf komische Ideen von normalem Leben, Genuss, Freude und Liebe kommt! Gerade so, als ob Wiesen, Wald und Ruhe die einzigen Glücklichmacher sind. Man wird abgestellt, hingelegt, hingesetzt, und das ist es dann erst mal. Wenn man nicht für sich selbst einen Weg da raus findet. Im Kopf. Denn Gehen können ja die meisten nicht oder sie sind auf eine andere Art behindert, die den vergnüglichen Spaziergang zu einer ernsten Angelegenheit werden lässt.

Ich kam in eine Reha-Klinik in der Nähe von Heidelberg. Wenn ich heute in der Stadt bin und von der alten Neckar-Brücke den Ausflugsdampfern nachsehe, die den Neckar hochtuckern, dann kommen mir diese Reha-Monate in den Sinn. Dann höre ich wieder die Räder der Rollstühle auf dem Linoleum quietschen, es steigt mir wieder dieser muffige, Sargotan-Geruch in die Nase, und ich habe sofort wieder den Ausblick vor Augen, den ich aus den verschiedenen Fenstern dieser Klinik hatte. Als ob es gestern gewesen wäre!

Für Touristen ist das Neckartal eine Ausflugsregion. Wer als Patient hierher muss, ist mit ganz anderen Dingen als dem schönen Neckarblick und dem Vogelgezwitscher beschäftigt.

Als ich selbst noch Fußgänger war, hatte ich mit meinen Großeltern auch mal Heidelberg besucht. Ich war damals etwa 12 Jahre alt, und die Fahrt mit Omi und Opi war für mich eine ganz große Sache. Heidelberg bietet sich für Ausflüge geradezu an. Wir wanderten hoch auf das Schloss, fotografierten den Neckar und das größte Fass der Welt, das dort im Schlosskeller zu besichtigen ist.

Ich erinnere mich auch noch, wie wir an der Uferpromenade entlanggeschlendert sind, als die Sonne unterging: die Silhouette der alten Brücke im Gegenlicht, Schwäne auf dem Fluss und Liebespaare auf der Wiese. Eine Stimmung wie in einem Kitsch-Film.

Alles war so klar. Die Luft, die Lichter und die Umrisse. Kinder, die hüpfend Eis essen, Menschen, die laut lachen, Bänke, auf denen sich Spaziergänger für einen Moment ausruhen und die letzten Sonnenstrahlen genießen. Auf dem Fluss Schiffe, kleine Boote, bunte Luftballons, die in den Himmel steigen und keine einzige Wolke weit und breit. Mein erstes Mal Heidelberg, und ich fand es wunderschön. Der Blick den Neckar hoch war lange das, was ich mit schönen Stunden und Ausgelassenheit verband.

Als ich das zweite Mal mit meinen Großeltern nach Heidelberg kam, war ich kein Fußgänger mehr, und das Schloss mit seinem Fass interessierte mich nicht die Bohne. Der Tag war verregnet, und in den Pfützen spiegelte sich der graue Himmel. Die Wolken hingen ganz tief, und eigentlich wollte ich ganz woanders sein. Heidelberg hatte sich nicht verändert, aber das Wetter war schlechter, und ich hatte ein anderes Leben. Eines, mit dem ich klarkommen musste und für das eine neue Definition meiner selbst nötig war. Aber Reha ist notwendig, um wieder fit zu werden. Das sagte ich mir immer wieder. Und ich wollte wieder fit werden. Und zwar schnell!

Reha-Kliniken sind alles andere als Wellness-Resorts. Du kannst sie dir nicht aus dem Katalog auswählen, und du hast auch sonst nicht sehr viele Wahlmöglichkeiten. Deine Lebenssituation verlangt es von dir und damit basta. Und ich nahm mir vor, das Beste daraus zu machen. Was nicht so leicht war, obwohl ich ja nun wirklich das bin, was man landläufig als Optimist bezeichnet. Ich finde immer irgendetwas, was mich begeistert. Aber das Reha-Zentrum erwies sich, was das anging, als eine ziemlich harte Nuss.

Was mich schon gleich am Anfang fast zum Erbrechen brachte: Das Zentrum lag nicht nur im Grünen, sondern zudem noch auf einem Berg. Super Lage, wenn man keine Beine mehr hat und der Rollstuhl einem noch so fremd ist wie einem Frosch ein Fahrrad! Ein elend steiler Berg und ganz oben dann die Burg. Im Nebel. Aus den verschiedenen Ofenanlagen und Schloten schlängelte sich der Qualm. Das Klinik-Gebäude: eine düstere Festung. Das ging mir natürlich komplett quer. Ich war noch nicht richtig drin, und der Laden war mir schon unsympathisch …

Das ging schon los, als wir das Gebäude betraten: Uns schlug sofort dieser ganz spezielle Geruch entgegen, den ich bis heute nicht aus der Nase bekomme, wenn ich an die Zeit zurückdenke. Desinfektionsmittel und Moder. Na ja, die

Hütte war damals schon 25 oder 30 Jahre alt. Da kann man nicht viel erwarten. Aber wenn man sich vorstellt, dass hier Menschen landen, die Zuversicht und Mut brauchen, um nach Unfällen oder Operationen weiterzumachen, dann ist so eine Berglage, gekoppelt mit Begrüßungsmief, schon ein dicker Hammer.

Meine Großmutter und ich betraten also das Foyer. Weit und breit war kein Mensch zu sehen. Verlassen gleich von Anfang an. Am Ende des Flurs fanden wir dann Asbest-Aufzüge und fuhren damit einfach mal nach oben. Im ersten Stock, ein weiterer langer Flur. Parkett unter den Füßen, der Blick in die Ferne, grün und weit. Wo man hinsah: Menschenleere, als wären wir in einer zentralasiatischen Salzwüste gelandet. Eine unheimliche Stille, die mir durch die Glieder kroch. Irgendwann stießen wir auf eine Caféteria. Dort saßen ein paar Gestalten. Der eine jockelte in seiner Karre, und die Zunge hing ihm dabei aus dem Mund. Das war also die Welt, in der ich landen sollte. Hilfe!, dachte ich und versuchte mich an irgendeinem Gedanken festzuhalten, der mich vor der Flucht bewahrte. Dieser Mensch war für mich gar nicht einzuordnen und auch Omi blickte irgendwie erschrocken.

Ich klammerte mich an meine Überweisung, die ich in der Hand hielt, aber mir war nicht klar, wohin man mich überwiesen hatte. Krampfhaft musste ich mich daran erinnern, was ich hier sollte. Reha heißt: wieder leben lernen (was ich konnte), Maßnahmen zur Integration (ich fühlte mich integriert), den Körper einigermaßen auf Vordermann bringen (okay, deswegen war ich da). Es war klar, dass ich hier bleiben musste. Musste deswegen, weil es meine nächste (Lebens)Station war. Aber ich war so jung und voller Energie und Leidenschaft, dass dieser erste Eindruck für mich nichts anderes als der blanke Horror war.

Dabei wäre es sicher auch anders gegangen. Wieso damals niemand da war, der uns wenigstens aufnahm und begrüßte, ist mir heute noch ein Rätsel. Vielleicht war es einfach ein ungünstiger Moment und gerade jeder mit irgendwas beschäftigt, oder Mittagessenzeit. Keine Ahnung. Sicher ist das heute auch anders. Nicht nur ich, auch Reha-Kliniken lernen ja dazu. Nur bei mir war es eben so, wie es war: Es lief beschissen!

Omi und ich schlugen uns dann alleine durch die Gänge, und endlich trafen wir auf jemanden, der uns sagen konnte, wo es langging. Dieser Mensch war nett, aber er schaffte es nicht wirklich, dass sich meine düstere Laune aufhellte. Die war echt am Boden. Das war einfach zu viel auf einmal gewesen. Viel zu viel des Miesen. Ich setzte alles daran, die Situation zu akzeptieren, aber ich fühlte mich von Anfang an in meiner Rolle als Reha-Patient nicht wohl.

Später hat sich das geändert. Alles ändert sich, wenn du auf Menschen triffst, Geschichten hörst und dir Bezüge schaffst. Ein guter Anfang ist da sicher unterstützend. Diesen guten Beginn hatte ich verpasst. Oder er mich.

Ich kannte niemanden. Überall Behinderte! – Das kann ich sowieso nicht leiden. Obwohl ich selbst einer bin. Ich mag die Sortierung in Randgruppen nicht, aber das ganze Haus war voll davon. Das Ganze war eine einzige Randgruppe! Ich sah immer wieder zu meiner Omi und sagte in einem fort: »Ich will nicht hier hin! Das ist eine Katastrophe!« Aber tief im Inneren wusste ich, dass ich mich fügen musste.

Ich glaube, für meine Omi war das alles auch nicht ganz einfach. Das Gefühl, mich in dieser »Behindertenbesserungsanstalt« zurückzulassen, war sicher nicht gut. Aber auch sie hatte ja keine Wahl. Also versuchte sie, mir das Ganze schönzureden. Aber ihre Augen erzählten mir eine komplett andere Geschichte. Und gleichzeitig, obwohl sie immer weiter auf mich einredete, wusste sie auch, dass ich ihre wirklichen Gedanken erkannte. Wir spielten uns gegenseitig etwas vor, weil es in diesem Moment das Sinnvollste war.

Also nickte ich und hatte die innere Ansage laufen: »Ich bleib hier gerade mal so lang wie unbedingt nötig. Keine Sekunde länger! Auf keinen Fall. Ich muss hier so schnell wie möglich wieder raus!«

Als wir dann endlich jemanden fanden, der für mich und meine fehlenden Beine die Aufnahmeformalitäten regelte, stellte sich heraus, dass die Station für die Jugendlichen voll war. Überbelegt bis unters Dach. Also machten sie mir in der Kinderstation ein Bett. Das war die nächste Katastrophe. Ich war 17 Jahre alt, 1 Meter groß und sollte mein Leben neu organisieren. Auf der Kinderstation – fünf Kids in einem Zimmer.

Wenn du noch keinen Knall hast, dann kriegst du jetzt einen. Nach einer Woche drohte ich meinen Zimmergenossen mit Schlägen, weil sie mir dermaßen auf den Zeiger gingen, dass ich keinen anderen Ausweg sah. Natürlich hätte ich das nie gemacht, aber ich musste echt mal 'nen Brüller loslassen, weil die mir so tierisch auf die Nerven gingen.

Ich stand noch ganz neben mir, hätte Gespräche, Ablenkung, eine Perspektive gebraucht, und was ich bekam, war kindisches Rumgegackere und das Rumoren von Game-Boys. Mir war das komplett zu viel! Am liebsten hätte ich in einem Einzelzimmer gelegen. Ganz für mich.

Aber so sehr ich auch schimpfte, jammerte oder mich beschwerte, ich war und blieb in einer abhängigen Lage, und das Klinikpersonal machte nicht den Eindruck, als ob sie sich für meine Lage interessieren würden. Ich glaube, keiner von denen stellte sich auch nur eine Sekunde vor, was in mir vorging. Es sollten mehrere Monate vergehen, bevor ein Platz auf einer anderen Station frei wurde.

Also musste ich meine eigenen Orte für mich finden. Wenn nicht mit dem Körper, dann mit dem Kopf abhauen. Auf der Kinderstation war das die Musik. Als Erstes ließ ich mir meine Gitarre bringen. Natürlich, damit die Kinder den Onkel auch mal richtig erleben, mit Verstärker! Jeden Tag machte ich von nun an Musik, und die Kids fanden das geil und legten die Game-Boys aus der Hand. Mit der Gitarre bekam das Leben für mich wieder Glanz. Musik war in dieser Reha-Situation, neben meinem Traum vom eigenen Auto meine Lebensretterin.

Um nicht völlig verrückt zu werden, versuchte ich, mich so oft und so gut es ging zu bewegen. Im Rollstuhl. Mit jedem Tag wurde das ein bisschen besser. Es war mir egal, wohin. Hauptsache ich bewegte mich und kam aus diesem Zimmer raus. Für mich war das Reha-Zentrum mit dem angeschlossenen Wohnheim wie ein Getto. Solltest du wirklich je hier ins Wohnheim kommen, dachte ich, dann ist es aus. Die nehmen dir dann die letzte Chance, am normalen Leben teilzunehmen.

Alles in mir wehrte sich, denn immer wieder traf ich auf Menschen, die schon sehr lange in genau diesem Wohnheim lebten.

Kalli war einer davon. Mit ihm freundete ich mich an. Er sollte sich von einer Herztransplantation erholen. Sonst fehlte ihm nichts. Seine Eltern hatten eine Menge Geld, und er hatte bereits ein ziemlich tolles Auto für sein Alter. Kalli war wie ich von Autos besessen. Diese Liebe verband uns sofort. Er und sein Auto waren mein erster Anreiz, wieder auf die Beine zu kommen. Sein Opel war schön aufgemotzt. Autos und Tuning – wir hatten unser Gesprächsthema gefunden.

Ich glaube, ich kannte ihn ein Dreivierteljahr, dann brachte er sich um. Sein Vater hatte sich von seiner Mutter wegen einer anderen Frau getrennt, und Kalli kam damit nicht klar, sah keine Lebensperspektive mehr. Also ist er gegangen. Still und heimlich. Er musste ja Tabletten einnehmen, damit sein Körper das neue Herz auch wirklich akzeptierte. Die hat er einfach abgesetzt. Es kam zu einer Abstoßreaktion. Er bekam hohes Fieber und starb. Nur weil er seine Pillen nicht mehr genommen hatte. Er hatte das alles geplant. Seinen Tod und sogar, welches Lied bei seiner Beerdigung gespielt werden sollte. Stand alles in seinem Abschiedsbrief. Scheißspiel! Niemand hat davon etwas mitbekommen oder gespürt. Vielleicht hätte er die Situation anders erlebt, wenn er nicht so isoliert und verschlossen gewesen wäre. Ich weiß es nicht. Dieses Reha-Zentrum war – wie schon gesagt – für die Seele kein guter Ort.

Dann lernte ich Dennis kennen, der durch einen Unfall den rechten Arm und das halbe rechte Bein verloren hatte. Er kam damit aber ganz gut zurecht. Er konnte mit der Beinprothese laufen und hatte auch eine Armprothese, mit der er hantieren konnte. Menschlich war Dennis ein superguter Typ. Er war ein bisschen älter als ich und – das war natürlich der Knaller – er hatte bereits den Führerschein. Und nicht nur das. Dennis hatte auch ein Auto! Ostern und Weihnachten fielen für mich auf einen Tag. Dennis war mein nächster Portier an der Tür zur Welt. Mit Dennis wurde mein Leben wieder frei. Das Auto war eine umgebaute Kiste, die erste, die ich in der Form sah. Also ein behindertengerechtes Modell. Ich konnte fragen, anfassen, schauen, und mir wurde klar, dass auch ich irgendwann bald ein Auto haben musste.

Wann immer es ging, fuhren wir zusammen durch die Gegend. Unser eigenes Roadmovie mit eigenem Soundtrack! Wir hörten seine Musik, Depeche Mode, das waren coole Stunden. Zwei halbe Gestalten, ich in der Mitte quer, er längs durch, singend durch die Nacht.

Wenn ich mit Dennis fuhr, dann waren wieder alle Möglichkeiten offen. Ich wusste, ich würde auf einer dieser Straßen in meinem echten Leben ankommen. Die Reha war nur eine Zwischenstation. Das war kein Leben. Es war nicht einmal der Vorgeschmack davon. Ich stellte mir vor, dass ich arbeiten würde, an meinem eigenen Auto herumpolieren, und ich dachte an Sonntagsfahrten mit einer süßen Frau an meiner Seite. Ich konnte nicht mehr gehen, aber ich war nicht aufzuhalten.

Autos, Musik und Mädchen, das waren die Pillen, die mich beweglich machten. Autos, Musik und Mädchen waren die Zutaten für mein Glück. Und ein Wille. Ein JA und ein JA, ich will alles und zwar jetzt. Sofort.

EIGENTLICH GUT
Mein Weg in die Selbstständigkeit

»Und sonst?«, wollen Freunde manchmal wissen. »Du warst doch eine Ewigkeit in diesem Zentrum. Was hast du denn da so gemacht?«

Tja, da macht man erst mal nicht viel. Das ist ja das Problem. Visite, aufstehen, frühstücken, duschen gehen – alles hat anfangs noch ewig lang gedauert. Mein eigener Körper, der war mir neu. Nichts, auch nicht das Duschen, war selbstverständlich. Als Frischling in der Reha ist man ein bisschen wie ein Forscher im eigenen Forschungsgebiet. Ich musste meinen Körper und Bewegungsabläufe ganz neu kennen lernen und trainieren.

Da ich zu dieser Zeit noch schulpflichtig war, musste ich dort auch den Unterricht besuchen. Selbstverständlich innerhalb des Klinikgeländes. Ich drehte schier durch. Ein Leben wie im Knast. Am liebsten hätte ich die öffentliche Regelschule besucht, aber das war nicht machbar. Vorschrift Paragraf soundsoviel. Die machten es mir unmöglich. Eigentlich sollen Reha-Zentren einem ja dabei helfen, zurück ins Leben zu finden. Ich fühlte mich in meinem Lebensdrang eher behindert. Alle meine Ideen und Vorschläge wurden in den Problem-Ordner abgeheftet. Grauenvoll!

Das Klassenzimmer war wie jedes andere Klassenzimmer auch. Nur, dass halt ein paar weniger Stühle drin standen, weil die meisten mit einem Rollstuhl angefahren kamen. Die Lehrer waren, wider aller Erwartungen, cool. Obwohl mich Schulthemen davor nie wirklich interessiert hatten, sog ich auf einmal alles auf. Endlich war ich mal wieder gefordert und hatte etwas zum Denken. Dieses Rumliegen und Aus-dem-Fenster-Starren raubt dir ja auf Dauer den Verstand. Endlich gab es Aufgaben, an denen ich mich reiben konnte. Es ging vorwärts, und das war gut.

Und das Freizeitangebot ... Das war natürlich wieder eine Generallösung und behindertengerecht. Die haben nicht ge-schaut, was du für ein Typ bist, was du brauchst oder welche Neigungen du hast. Nein, alle Behindis wurden schön über einen Kamm geschert. So was Idiotisches!

Bogenschießen und Kegeln waren das Desaster pur! Nicht das Kegeln an sich, das macht ja Spaß, aber die meisten in meiner Gruppe brauchten dafür eine Schiene. Die wurde auf die Knie gelegt und von dort wurde dann die Kugel losge-lassen und kullerte auf die Bahn. Jede Kugel war ein Akt! Und wir anderen standen daneben und drehten Däumchen. Also die, die noch welche hatten, drehten. Keine zehn Pferde hätten mich dazu gebracht, solch einen Zinnober mitzuma-chen! Eher hätte ich entschieden: »Kegeln, das ist raus. Ich kegel nie wieder! Ende Gelände!« Na, und beim Bogenschie-ßen, da stand man sich auch die Beine in den Bauch, bis endlich mal etwas weiterging. Manche von meinen Kum-panen brauchten 20 Minuten, bis sie einen Pfeil irgendwo in die Büsche geschossen hatten. Wartezeit ist eben nichts für mich!

Neben dem Kegeln und dem Bogenschießen gab es noch eine weitere Beschäftigung, die man in allen Behindertenbesserungsanstalten dieser Welt anbietet: Töpfern. Zwei Hocker mit was drauf und drunter keine Beine. Aber Töpfern, wer hätte es gedacht, das war eigentlich ganz okay. Typisch logopädische Beschäftigungsmaßnahmen.

Korbflechten war natürlich auch im Angebot. Ach Gott, nee. Ich, der immer gerne im Biergarten mit Freunden gesessen hatte, der sich liebend gerne mit Mädels beschäftigte oder mit seinem Mopedchen, ja, ich sollte jetzt Körbe flechten, oder was? Das war nicht das Richtige für mich.

Heute kann ich davon erzählen und darüber lachen, aber solch eine Zeit wie die damals will ich nie wieder erleben.

Dann kam – wie befürchtet – das Wohnheim. Nun war ich also doch hier gelandet. Sie hatten es geschafft. Ich bekam ein Bett in einem Doppelzimmer, das ich mit einem teilen musste, der sich mit so einem 80er Moped den Kopf eingerannt hatte. So ein Schädel-Hirn-Trauma-Kandidat aus dem Odenwald. Vermutlich war er gegen irgendeine Kuh gefahren.

Dieser Typ war Berufs-Kiffer und hatte keinen Bock auf irgendwas. Der drehte den lieben langen Tag mit seiner extrem verlangsamten Motorik nur einen Joint nach dem anderen und hielt in der gleichen Geschwindigkeit, mit der er sich die Tüten drehte, Vorträge, die niemand interessierten.

Dass der überhaupt noch klar denken konnte, war ein Wunder. Zudem trank er regelmäßig. Wenig Wasser, viel Bier. Er torkelte mitten in der Nacht in die Bude, fiel halb durch das ganze Zimmer, war voll wie eine Haubitze und obendrein zugedröhnt bis an den Scheitel. Gott, wie hab ich das gehasst.

Ich habe vergessen, wie der Typ hieß. Auf jeden Fall waren er und die Situation unerträglich, denn ich musste ja morgens früh raus. Erst zur Schule und dann Brotkörbchen flechten. Eines Nachts hatte ich dann die Nase gestrichen voll. »Hey, wenn du jetzt nicht sofort deine Klappe hältst, dann räume ich dir eine ab!«

Das hätte auch durchaus böse ausgehen können. Ich fühlte mich zwar stark, aber ein bisschen unheimlich war mir das Ganze schon. Ich meine, er war Fußgänger, relativ groß und wie gesagt, total unkoordiniert in seinen Bewegungen. Er brummte aber nur, fiel ins Bett und schlief auf der Stelle ein. Bei mir war mit dieser Nacht das Maß aber voll und ich bestand auf ein anderes Zimmer.

Daraufhin habe ich einen anderen Typen als Zimmergenossen bekommen: Oliver. Der war voll in Ordnung, gelähmt bis zum Hals, aber das war kein Problem. Oliver war easy. Er fuhr mit seinem elektrischen Rollstuhl durch die Gegend und war dabei immer gut gelaunt. Selbstständig konnte Oliver fast gar nichts machen. Abends wurde er ins Bett gelegt, morgens rausgeholt und dazwischen ein paar Mal gewendet. Das muss man bei gelähmten Menschen machen. Auch bei denen mit Muskelschwund. Eben bei all denen, die sich nicht mehr selbst umdrehen können. Es ist wichtig, nicht immer auf der gleichen Stelle zu liegen. Man bekommt sonst ganz schnell Druckstellen.

Von Oliver habe ich eine Menge gelernt. Oliver hat nicht geraucht und nicht getrunken, und er pöbelte mich auch niemals an. Er war intelligent, voll da, nur einfach gelähmt. Oli war der König der Geduld. Ich meine, wenn man so gut wie nichts selbst kann, dann muss man das auch zwangsläufig sein. Er war immer fröhlich und schien sich genauso wie ich darüber zu freuen, noch leben zu dürfen. Ein sehr positiver Mensch in all dem Grau. Außerdem war er ein Charmeur par excellence. Von ihm konnte ich echt eine Menge lernen.

Trotzdem hatte ich nach drei oder vier Monaten rehamäßig endgültig die Nase voll. Obwohl ich mit der Schule längst nicht fertig war und noch immer Therapien hatte, zog ich für mich einen Strich. Ich mietete mir eine eigene Wohnung außerhalb der Klinik.

Wenn ich mich jetzt nicht freistrample, dachte ich, dann verschluckt mich das Getto, und ich komme da nicht mehr raus. Mein Freiheitsdrang war enorm, und obwohl alle dachten, ich würde es nicht schaffen, schaffte ich es doch. Und das, obwohl ich noch gar nicht volljährig war!

»Papa, ich brauche deine Unterschrift unter einen Mietvertrag!«, sagte ich. »Ich ziehe aus.« Ich hatte genug Geld auf dem Konto und wollte endlich wieder ein normales Leben führen.

So machte ich es. Ich fuhr morgens mit dem Bus ins Zentrum und nachmittags wieder nach Hause. In meine eigene Bude. Das war das Allerbeste. Und es kam noch besser, denn auf einmal gab es Babs.

Babs war die Stationsschwester auf der Kinderstation. Gleich auf den ersten Blick fand ich sie süß. Sie hatte ihre Haare in zwei Zöpfchen geflochten, eine super Figur und Sommersprossen auf der Nase. Babs war meine erste schöne Begegnung in der Klinik, und ich erklärte sie sofort zu meiner Lieblingsschwester.

Nach einiger Zeit waren wir ein Liebespaar. Wir surften auf der gleichen Wellenlänge, obwohl sie doppelt so alt war wie ich. Aber das spielte keine Rolle. Wir hatten viel Spaß miteinander, und Babs wurde eine große Bereicherung und Stütze für meine Seele. Fünf Jahre wohnten wir zusammen, bis wir uns wieder trennten. Ich spürte, dass ich da draußen noch viel zu entdecken hatte, und das konnte ich nur allein.

Ich bin ein Sitzmann, aber nicht wirklich sesshaft in der Liebe. Wer weiß, wie es wäre, wenn ich Beine hätte. Vielleicht nähme ich die noch schneller in die Hand. Aber mal im Ernst. Babs war mir eine große Stütze und ich danke ihr noch heute für die Zeit. Nicht nur Medikamente und Therapien helfen. Neben diesen, dem eigene Engagement und Mut ist es Liebe, die beflügelt, die dir Kraft gibt und Beine macht, selbst wenn du keine mehr hast.

VOLLE KRAFT VORAUS
Was mich bewegt

Ich fühlte mich mit jedem Tag freier und unabhängiger, obwohl ich noch längst nicht so unabhängig leben konnte, wie ich es mir wünschte. Man muss sich das so vorstellen, ich war ein junger Kerl, der im Neckartal lebte und gerade mal damit klar kam, einen Rollstuhl gut zu fahren. Es gab Liebe in meinem Leben und Lachen, aber ich wollte mehr. Genau so wie andere junge Menschen. Dass ich mich nicht so frei bewegen und ausprobieren konnte, wie ich wollte, ging mir gegen den Strich. Ich brauchte ein Auto. Ich brauchte davor einen Führerschein. Beides würde ich schaffen, das war so sicher wie weniges in meinem Leben. Pünktlich zum achtzehnten Geburtstag wollte ich selbst fahren. Immer wieder stellte ich mir vor, wie ich mit meinem Auto durch die Landschaft fuhr, Musik hörte und laut mitsang. Es würde ein wunderbares Auto sein, vielleicht sogar ein Cabrio. Eine Perle unter allen Autos, die es gibt. Mein Schmuckstück, mein bestes Teil, mein treuestes Pferd.

Dann war es soweit. Noch bevor ich meine Führerscheinprüfung überhaupt in der Tasche hatte, stand er schon in meiner Garage. Ein Superschlitten. Eine wirklich geile Kiste – Applaus, Applaus – oben ohne! Ein traumschönes Cabrio. Um genauer zu werden, es war ein rattenscharfes Teil! Dieses Auto war der Hammer für mich. Es hatte zwar nur 60 PS, aber das war mir egal.

Dieses erstes Auto, ein Geo Metro, hatte ich bei einem dubiosen Gebrauchtwagenhändler aus Heidelberg erstanden. 16.000 Mark hatte ich dafür hingeblättert, und er war mir jeden Pfennig wert. Schnittig, schnell, fein musste mein erstes Auto sein. Dafür hatte ich schon bei meinem Mofa gesorgt, das selbstverständlich auch nicht serienmäßig gewesen war. Ich hatte mir schon sehr früh das Know-how verschafft, wie so ein Ding frisiert werden musste, dass man damit auch anständig von der Stelle kam. Spätestens als ich mit meinem Reha-Freund und seinem Fluchtauto durch die Landschaft gefahren war, war klar, dass auch ich jetzt sofort ein Auto brauchte.

Täglich schlich ich in die Garage, setzte mich rein, verbrachte dort Stunden, hörte meine Musik und saugte den Duft des Wagens auf. Hätte mich jemand dabei beobachtet, hätte er mich sicher für verrückt erklärt. Ein Typ ohne Beine, der mit seinem Auto schmust! Mir war das alles egal. Ich liebte meinen fahrbaren Untersatz und konnte es kaum erwarten, die Welt damit zu erobern.

An manchen Tagen konnte ich an nichts anderes denken. Ich wachte morgens auf und ging vor dem Zähne putzen in die Garage. Oder nachts setze ich mich rein, um noch ein bisschen Musik zu hören. Meine Hände strichen über die Polster, das Lenkrad, die Armaturen und unten, wo Fußgänger ihre Füße haben, hatte ich viel freien Platz und konnte mir alles parat legen, was ich so brauchte. Was zu essen, zu trinken, CDs und die Zigaretten.

So, wie andere Sterne anhimmeln, himmelte ich mein Auto an. MEIN ERSTES AUTO – damit wir uns richtig verstehen. MEIN ERSTES AUTO! Das muss man sich mal auf der Zunge zergehen lassen. Alles, was ich in mir trug, fühlte ich bestätigt. Ich liebte Autos, und die Autos liebten mich. Eine tiefe Sehnsucht brannte in meinem Herzen, und ich hielt es kaum aus, dass die Zeit so langsam verging. Nicht die Zeit bis Weihnachten oder bis zur nächsten Begegnung mit einem Mädchen: die Zeit bis zur Führerscheinprüfung! Das war echt bitter. Ich hatte mein Lieblingsauto in der Garage und durfte nicht damit fahren. Obwohl ich bereits Auto fahren konnte ...

Den Mofa-Führerschein hatte ich ja schon längst, aber mit dem war ja nichts mehr anzufangen. Jetzt so ohne Füße. Völlig nutzlos war das Teil geworden und ich konnte es nicht mal verhökern, weil niemand gebrauchte Führerscheine kauft, auch wenn sie nur kurz benutzt wurden.

Das Auto in der Garage war für mich wie eine Sachertorte für einen Diabetiker. Ich sehnte mich danach. Ich schmachtete es an. Ich drückte meine Nase am Garagentor regelmäßig platt. Da war mein Auto ... mein Herzlieb, das beste Auto unter den besten. Schön, glänzend, ein Prachtstück, und ich durfte nur hinter dem Lenkrad sitzen und – tut tut, ich fahre – spielen.

Überhaupt, wenn es nach mir gegangen wäre, dann hätte ich schon mit sechzehn den Führerschein gemacht. Leider ging es nicht nach mir. Also fügte ich mich und nahm mir vor, dass ich spätestens an meinem achtzehnten Geburtstag den

Führerschein in der Tasche haben würde. Keinen Tag später. Keine einzige Stunde. So war es geplant.

Ich konnte meine erste Fahrstunde kaum erwarten. Na, und dann kam endlich Herr Erdmann vorgefahren, in einem dicken Opel Omega. Ein echtes Schiff. Die erste Fahrstunde war gleich der Hammer und Herr Erdmann war ziemlich cool. Er war ein ruhiger, älterer Herr aus dem Norden, der schon anderen Menschen von meinem Schlag das Fahren beigebracht hatte. Die Fahrschule war nämlich eine, die sich auf Behinderte spezialisiert hatte. Alle Autos waren entsprechend umgebaut.

Eine 45-Minuten-Fahrstunde kostete damals um die 100 Mark. Für mich war das eine echte Ansage. Und dann hieß es gleich, ich solle mal mit 20 oder 30 Stunden rechnen. Ich flippte schier aus. Wie? Das Christkind kommt erst in 20 oder 30 Stunden? Dabei sitzt man schon auf der Treppe und wartet, dass das Glöckchen klingelt! Außerdem war das ja auch eine schöne Stange Geld, mit der man sich sonst was hätte kaufen können.

»Seid ihr noch ganz richtig?«, platzte es aus mir heraus. Mir musste man ja nicht wirklich Fahren beibringen, denn ich hatte schon mit 13 Jahren die ersten Fahrstunden absolviert. Kleine, ungefährliche Strecken, mit meinem Vater als Fahrlehrer an der Seite. Jetzt musste ich gute Miene zum bösen Spiel machen und nochmal alles lernen. Um Himmels willen, bloß keine entlegenen Seitenstraßen oder kein Wald, sondern Stadt und Autobahn und hinein in die Rush-Hour und den Stoß-Verkehr!

Ich fand das Fahren geil und konnte nicht genug kriegen davon. Immer, wenn nach anderthalb Stunden Herr Erdmann meinte: »So, jetzt drehen wir langsam wieder um und fahren heim«, hätte ich am liebsten losgeheult. Mir standen jedes Mal schier die Tränen in den Augen. Ich wollte nicht heim, ich wollte Auto fahren! Wenn es nach mir gegangen wäre – die ganze Nacht.

Das Fahren lag mir im Blut. Autos und ich, wir sind wie füreinander geschaffen. Herr Erdmann merkte das auch. Bald schon lehnte er sich nur noch zurück, drehte sich eine Kippe, telefonierte und ließ mir und meiner Fahrlust freien Lauf. »Fahr wohin du willst«, brummte er. »Es ist dein Trip!« Und ich fuhr.

Nach zehn, fünfzehn Fahrstunden fühlte ich mich auf der Straße bereits so sicher, dass ich am liebsten quer durch die Republik gefahren wäre. Ich drängelte. »Ja, was ist jetzt? Kann ich jetzt bald meine Prüfung machen, oder was?«

Und noch immer war es nicht so weit. Ein paar Stunden sollte ich noch machen, musste mir Herr Erdmann sagen.

Solchen Situationen fühle ich mich gewachsen. Das war schon damals so. Ich machte das nicht mit. Diese Durchsetzungskraft in mir, ist etwas, auf das ich mich total verlassen kann. Wenn ich was will, dann hole ich es mir. Und wenn ich etwas nicht will, dann wehre ich mich dagegen mit der gleichen Sturheit. Wie besprochen: kein Kindergarten.

»Ich habe alle Pflichtstunden, das reicht!«, baute ich mich auf. Wenn ich will, dann kann ich wirklich stattlich wirken. Mit Beinen, ohne Beine, egal.

Sie seufzten einmal kurz und heftig, und ich meldete mich zur Prüfung an. Theorie. Für mich war klar, ich schreibe das runter und dann geht es ganz schnell zum praktischen Teil der Prüfung. Ging es aber nicht. Ich fiel mit Pauken und Trompeten durch.

Das muss man sich mal vorstellen! Ich drehte fast durch. Das Grausamste dabei war, dass ich nur einen einzigen beschissenen Fehler zu viel gemacht hatte. Zum wahnsinnig werden! Ich war stinksauer. Vor allem auf mich selbst. Warum war ich so überheblich? Warum hatte ich mich so sicher gefühlt? Das war nun die Strafe.

Für die neue Prüfung bereitete ich mich generalstabsmäßig vor und diesmal klappte alles. Kein einziger Fehler, alle 100 Punkte. Meine Laune besserte sich deswegen aber nur zum Teil, denn tief in mir blieb ich weiter auf mich sauer. Durch meine eigene Dummheit würde sich nun ja alles verzögern. Mein Ziel, pünktlich zum Geburtstag meine erste Ausfahrt zu machen, war kaum noch zu schaffen. Ich war verzweifelt. Ohne Führerschein ergab der 18. Geburtstag für mich absolut keinen Sinn.

Diese Verzweiflung trieb mich an. Ich gab Gas und versuchte alles, was nur ging, damit mein Plan noch klappte. Irgendjemand im Himmel hatte wohl ein Einsehen, denn exakt an meinem achtzehnten Geburtstag fand meine praktische

Führerscheinprüfung statt. Für mich war klar: Den Führerschein hatte ich schon in der Tasche, bevor ich überhaupt losgefahren war.

Wir fuhren von mir zuhause aus los. Erst durch den Ort, in eine Seitenstraße hinein und dann dort rückwärts einparken. Peanuts, ich konnte im Schlaf das Schiff in jede Lücke bugsieren. Dann fuhren wir aus dem Ort hinaus, auf die Schnellstraße. Ich gab mal richtig Zunder und dann, kurz vor Heidelberg, hörte ich, wie der Prüfer sagte: »Okay, Herr Sitzmann, datt war's.«

Wie, datt war's? Wir waren doch eben erst mal 20 Minuten unterwegs gewesen?

Selbst bei der Prüfung war mir die Fahrtzeit heilig und zu knapp. Außerdem konnte ich so nicht einmal ansatzweise zeigen, was ich konnte. Aber gut, ich hatte bestanden!

Nur Auto fahren durfte ich jetzt immer noch nicht. Dafür braucht man ja den Führerschein, und den musste ich erst noch organisieren. Mit der Bestätigung über die bestandene Prüfung machte ich mich also auf zur Zulassungsstelle, um dort den Führerschein abzuholen. Ich ging zu Fuß, will sagen, bin gerollt. Wie ein abgestochenes Schwein im Rollstuhl bin ich durch Neckargmünd gehetzt und jubelte innerlich schon: Geil, gleich geht die Freiheit richtig los! Gleich kann ich machen, was ich will. Mit meiner Superperle in der Garage fahre ich nach Darmstadt und besuche meine Freunde und bin überhaupt nur noch unterwegs. Yes!

Als ich aber an der Zulassungsstelle ankam, waren sie gerade dabei, die Türen zu schließen. Ich hab gedacht, ich seh' nicht recht. Wie in einem schlechten Film!

»Hallo!«, rief ich und hämmerte mit den Fäusten an die Tür. »Ich will meinen Führerschein. Ich brauch den Lappen und zwar jetzt gleich!«

Aber es war nichts zu machen. Dienst ist Dienst und Feierabend ist Feierabend. Ich hätte die Tür eintreten können. Als ob die ganze Welt sich gegen mich verschworen hätte! Erst in der Theorie durchfallen und dann eine Minute zu spät beim Amt ankommen!

Ziemlich kleinlaut fuhr ich mit dem Linienbus nach Hause. Dort fackelte ich nicht lange herum, setzte mir meine Base-Cap auf, verstaute den Wisch vom Fahrprüfer im Handschuhfach, drehte die Musik auf und fuhr aus der Garage.

»Ihr könnt mich mal«, triumphierte ich laut aus meinem Wagen. »Ich fahre jetzt Auto! Ich fahre die ganze Nacht Auto! Ich muss jetzt Auto fahren.«

Ich fuhr durch Heidelberg, an der Bergstraße entlang, durch den Odenwald an Orte, die ich kannte, oder ich ließ mich einfach durch Wegweiser leiten, die mich inspirierten. Um Städte und größere Ortschaften machte ich schön brav einen großen Bogen. Ich passte höllisch auf, dass ich in keine Kontrolle kam. Von Pannen, die verhinderten, dass ich ein richtig legaler Autofahrer wurde, hatte ich die Nase gestrichen voll. Und die hätten mir doch glatt den Füherschein wieder eingezogen, noch bevor ich ihn richtig in der Hand gehalten hatte. Jeden Kilometer genoss ich und wurde in dieser Nacht überhaupt nicht müde. Mein erstes großes Ziel hatte ich erreicht. Ich saß auf dem Fahrersitz so, wie andere auf dem Siegertreppchen stehen, und jeder Kilometer, den ich fuhr, war Zeichen meines großen Sieges. Das war meine Geburtstagsfahrt und die Geburtsfahrt in ein neues Leben. Und ich feierte beides gründlich.

Ich fuhr und fuhr und fuhr.

Die ganze Nacht.

Mit offenem Dach unterm Sternenhimmel.

FREISEIN
Meine Straßen der Freiheit

Ich war nun also frei. Unabhängig von Bussen und Bahnen, die doch immer nur Probleme mit sich brachten. Ab jetzt musste ich niemanden mehr bitten, ob er mich mit seinem Auto vielleicht irgendwo hinbringen könnte. Im Gegenteil. Ich konnte meine Freunde oder Freundinnen auf eine Spritztour einladen. Wenn ich Zeit und Lust hatte, dann fuhr ich jeden. Nicht nur weil ich helfen wollte, sondern weil ich in dieser Zeit am liebsten selbst hinter dem Lenkrad saß.

Die Möglichkeit, mich wieder bewegen zu können und das nicht nur im Schneckentempo, erfüllte mich ganz und gar. Nach all der Zeit in Krankenzimmern und engen Wohnräumen, hatte ich nun einen kleinen Raum, der sich mit mir bewegte. Ohne Rollstuhl war ich auch nicht mehr als Behinderter erkennbar, das bedeutete, dass ich auf der Straße nicht auffiel. Niemand drehte sich nach mir um, denn die Autofahrer konnten ja nicht sehen, ob ich Beine hatte oder nicht. Wenn sie aufmerksam wurden, dann aufgrund meines schnittigen Wagens, und diese Aufmerksamkeit hatte und habe ich richtig gern.

Wenn ich fahre, dann halte ich fast nie an. Höchstens wenn ich tanken muss. Ich fahre einfach nur durch die Gegend. Aus der Garage raus, die ganze Nacht durch den Odenwald, Sterne gucken und wieder in die Garage rein. Fertig, Ausflug beendet.

Es geht mir schlicht ums Fahren, und ich fahre gerne auch allein. Zu Orten, an denen ich schon mal war, oder schon einmal wohnte. Mein Auto ist mein Wohnzimmer, mein ganz persönlicher Entspannungsraum.

Wenn ich mich zurückbesinne, dann kommt es mir vor, als wäre ich mit meinem ersten Auto fast nur unterwegs gewesen. Als hätte mich jemand auf dem Fahrersitz angeklebt. Das hatte Konsequenzen: Nach einem Jahr standen auf dem Tacho 70.000 km mehr, und das war für dieses gebrauchte Teil nicht mehr zu verkraften. Es brach unter mir während einer Fahrt förmlich zusammen.

Ich erinnere mich noch genau, wie es passierte. Das Sterben des ersten Autos vergisst man nicht so schnell. Daniel und ich waren zusammen unterwegs. Wir Brüder genossen es sehr, gemeinsam etwas zu unternehmen und dabei wieder zu lachen. So ein Auto bringt ja auch wieder ein Stück Alltag in das Leben zurück. Man kann zusammen über etwas diskutieren. Sind jetzt die Reifen besser oder die anderen? Endlich andere Fragen als »Fühlst du dich wohl? Wie geht es dir gesundheitlich?«

Die Sonne schien, wir fuhren mit offenem Verdeck und hatten gute Laune pur. Zwischen Frankfurt und Darmstadt gab ich dann ein bisschen mehr Gas. Mit einem Mal tat es einen Schlag und der Wagen reagierte nicht mehr. Heute würde ich sagen, mir ist mal eben der Motor geplatzt. Der Kolben wurde quasi aus der Haube herausgeschlagen. Motorschaden. Das Auto war komplett erledigt, das war mir sofort klar. Der ADAC kam und nahm uns und das Auto huckepack. Klar, das war traurig. Ich bin mit den Autos ja auch irgendwie innerlich verbunden. Jeder Wagen erzählt eine Geschichte. Es gibt viele Routen, viele Erlebnisse. Lange Fahrten allein in Gedanken oder mit anderen on tour. Wenn so ein Auto dann stirbt, dann gehen damit auch Erinnerungen verloren. Aber dennoch habe ich mich damals nicht beschwert. Auch über dieses Erlebnis triumphierte ich ein wenig, indem ich dachte: wenn schon ein Ende, dann wenigstens mit Glanz und Gloria.

Daniel und ich hockten uns also nicht in den Abschleppwagen, sondern blieben einfach im Cabrio sitzen. Oben auf der Ladefläche. Wie die Könige thronten wir, hörten laut Musik, und die Menschen auf der Autobahn winkten uns breit grinsend zu. Sie hupten, um uns aufzumuntern. Ich glaube, alle Autofahrer, die ihre Wagen lieben, wissen, wie man sich fühlt, wenn man Abschied nehmen muss. Es ist fast so, als hätten auch Autos eine Seele. Diese Fahrt oben auf der Ladefläche des Abschleppwagens war die letzte Ehre für mein Baby.

Ich habe mir danach immer sehr auffällige Autos ausgesucht. Natürlich auch, um den Mädchen zu imponieren. Es gibt ja auch Männer, die spielen aus diesem Grund Luftgitarre. Überhaupt, ich habe gelesen, dass die meisten Männer nur deshalb Musik machen, damit sie Frauen imponieren. Es ist ja auch etwas Wunderbares, wenn man die Aufmerksamkeit von Frauen bekommt. Und auch da ist es eine Wohltat, wenn das nicht wegen eines Rollstuhls ist.

Autos und alles, was damit zu tun hat, hat mich immer schon fasziniert. Schon als kleiner Junge. Natürlich gab es in unserem Elternhaus mehr Autos als Puppen. Bei drei Brüdern ist das so. Aber auch wenn ich noch eine Schwester gehabt hätte, wäre sicherlich die Carrera-Bahn anziehender gewesen als Puppengeschirr polieren und Zöpfe flechten. Kleine Jungen fahren schon im Kindergarten auf Autos ab. Sie rennen nicht zusammen in die Kuschelecke. Autos symbolisieren Kraft und vielleicht auch Macht. Mal sehen, wer hier der Stärkere ist. Mal schauen, ob ich dich nicht gleich abhänge. Jungen konkurrieren, und auch ich habe Spaß daran. Es ist nichts Schlechtes daran, der Beste sein zu wollen. Das gilt für Sportkämpfe und auch für Hobbys. Zu einem Wettkampf brauchst du erst gar nicht anzutreten, wenn du nicht der Beste sein willst und auch auf der Autobahn macht ein tolles Auto viel mehr Spaß. Männer konkurrieren nicht selten auch mit der Optik ihrer Autos. Sie stellen einander gerne in den Schatten, und wenn das mit Spaß und guter Laune geschieht, dann turnt dieses Ranking »Wer hat die geilste Karre?« mächtig an. In diesem Wettkampf sind alle gleich. Die mit Beinen, die ohne. Alle sitzen sie in ihren Autos.

Weiter ging es in meiner Autogeschichte mit einem Golf 3 Cabrio. Ich dachte: Wenn ich mir jetzt schon ein neues Auto kaufe, dann aber das volle Programm: 115 PS, elektrisches Verdeck, komplette Leder-Ausstattung, Farbe: british racing green. Ich ließ ihn sofort tieferlegen, und anstelle der schmalen Reifchen kamen breite Walzen drauf. Hinten die Scheinwerfer wurden durch grüne ersetzt, dazu kamen ein Holzlenkrad und eine fette Stereo-Anlage. Die kostete damals richtig Geld. Mit der Bass-Kiste machte die Musik einen tollen Sound.

Was die Autos und ihre Ausstattung angingen, habe ich einen sehr guten Berater: meinen Freund René. Er ist ein echter Experte und derjenige, der meine Autos mit seinem Sinn für Ästhetik stets verschönert. René hat wirklich viel Ahnung von diesem Thema und allem, was dazu gehört. Und er kann mich und meine Leidenschaft doppelt gut verstehen, denn René sitzt ebenfalls im Rollstuhl – Querschnitt nach Autounfall. Für Technik und Autofahren brennt er aber weiter. Genauso wie ich. Dass es Räder waren, die uns zu Sitzmännern machten, hat nichts an unserer Liebe für Lack und schnelle Kutschen geändert. Wir trotzen damit der Langsamkeit in unserer Welt und auch ein wenig dem, was sich Schicksal nennt. Unser Leben im Rollstuhl und auf der Autobahn hat uns zu Komplizen gemacht. Wir sprechen eine Sprache und müssen uns in diesem Punkt gegenseitig nie etwas erklären.

Einmal hatte ich eine Freundin in Wien, Sandra. Das war für mich schön, denn sie wohnte nicht einfach um die Ecke. 750 km waren es, von einer Haustür zu der anderen. Jedes Wochenende fuhr ich Freitagnacht dorthin, war samstags dann zum Frühstück da und Sonntagabend fuhr ich wieder heim. Mein persönlicher Rekord liegt bei fünfeinhalb Stunden, einfache Fahrt.

Ein paar Mal habe ich auch Stefan mitgenommen. Stefan ist solche Strecken nicht gewohnt, und er schwitzte neben mir manchmal Blut und Wasser. Mit 250 Sachen über den Asphalt und ab in Richtung Morgenrot. Die Autobahn nach Wien ist in den frühen Morgenstunden wirklich frei. Im Auto hat man die Geschwindigkeit eigentlich gar nicht so gemerkt. Es war so super schallgedämpft, dass man gerade mal ein Rauschen hörte. Selbst bei diesem Tempo konnte man sich noch richtig normal miteinander unterhalten.

»Hey, Steps«, foppte ich ihn gerne, »mach dich mal locker. Wir haben zwei Airbags an der Seite und auch noch zwei vor uns. Das Ding läuft, und der Kaffee in Wien wartet schon auf uns. Und sollte uns ein Wildschwein vor die Räder rennen, dann gibt's heut Abend Wiener Schnitzel.«

Jedes Wochenende, wenn ich in Wien ankam, gab es dasselbe Ritual. Als erstes fuhr ich in die Waschanlage. Schließlich wollte ich auch hier brillieren. Daheim saugte ich alle zwei Tage das Auto aus und wenn jemand mit mir fuhr, sofort nach jedem Trip. Ich habe ja keine Beine, also auch keinen Schmutz an meinen Schuhen. Aber immer, wenn jemand auf dem Beifahrersitz saß, war Dreck im Fußraum, und der musste natürlich sofort weg.

Und dann kam er: der Super Seven! Wow! So etwas hatte ich vorher noch nicht gesehen. Dieses Auto war das Aufregendste, was ich je gesehen hatte und obendrein ein handgefertigtes Unikat. Es gab nur wenige Hersteller für diese Replica, und ich begann jeden einzelnen zu studieren und die Angebote zu vergleichen. Welche Motoren benutzte wer? Welcher Hersteller hatte welche Extras zu welchem Preis zu bieten? Der Super Seven ist ein Auto, das man sich ganz individuell zusammenstellt. Es gibt ein Grundgerüst. Alles andere wählt man selbst, und das ist für Autofans wie mich so etwas wie das Paradies. Kein 08/15-Modell, sondern mit diesem Auto kannst du wirklich zeigen, was du drauf hast und welcher Typ du bist. Alles kann man selbst wählen, Motor, Getriebe, Bereifung, Innenausstattung – einfach alles.

Gemeinsam mit René stellte ich mir also von diesem Büfett mein persönliches Menü zusammen. Mir war klar: Jetzt wird ein Traum für mich wahr. So etwas hat keiner. In der Behinderten-Szene sowieso nicht. Und mal wieder war ich Pionier und hatte einen Wettkampf gewonnen. Ich hatte es geschafft. So ein Auto, wie ich es fuhr, das sah man in unserer Gegend nie. Ich war Sieger!

Und das Geld? Das war mir ziemlich egal. Natürlich war der Super Seven unglaublich teuer! Aber das war mir nicht wichtig. Ich war inzwischen seit zehn Jahren ohne Beine und der Meinung, dass sich das jetzt entschieden für mich rechnen würde. Also kalkulierte ich, dass ich seit Jahren keine Schuhe und Socken mehr gekauft und auch die Fußpflegerin keinen Cent an mir verdient hatte. Für das ganze Auto reichten diese Einsparungen freilich nicht – aber ein schöner Ledersitz kam durch meine nüchterne Berechnung immerhin zusammen.

Dann kam mein Geburtstag 2004, und das Auto stand endlich in der Garage. Nur leider konnte ich damit nicht sofort losfahren, weil es noch nicht behindertengerecht umgebaut war. Das war natürlich bitter. Weil ich trotzdem überglücklich war, verbrachte ich fast die ganze Nacht in der Garage, saß im Wagen, auf dem Fahrersitz und putzte ein bisschen vor mich hin: die Scheibe, die Spiegel, die Armaturen, die Ablage-Fächer, den Schaltknüppel. Und ich stellte mir vor, wohin ich mit dem Wagen überall fahren würde.

Stunde um Stunde saß ich einfach hinter dem Lenkrad mit geschlossenen Augen und träumte vor mich hin. Es roch alles so neu. Der Lack war ganz frisch. Ich habe den Motor dann mal angelassen und ein bisschen Gas gegeben. Es konnte ja nichts passieren, denn ohne Füße kann man keine Kupplung treten.

So habe ich mir den Super Seven nicht nur gegönnt, sondern war der Überzeugung, dass er mir regelrecht zustand. Nach all dem, was ich durchgemacht hatte, war dieses Auto einfach fällig. Aber ich denke auch heute, wenn man wirklich etwas will und es sich irgendwie zusammensparen oder leisten kann, dann sollte man sich seinen Traum immer erfüllen. Mitnehmen, was mitzunehmen geht. Wir wissen ja alle nicht, was uns die Tage bringen, und jeder Mensch sollte es sich wert sein, sich den einen oder anderen Luxus zu erlauben. Genau das sind doch die Geschichten, die unser Leben lebenswert machen. An meinen Super Seven werde ich mich noch im Altersheim erinnern. Das Auto wird mich noch dann erfreuen, wenn es vielleicht schon lange nicht mehr fährt. Ich bereue keinen Cent, den ich investiert habe und keine Minute, die ich darauf warten musste.

Frisch gewaschen und gut poliert ist dieses Auto gerade nachts ein Traum. Ich liebe es, durch die Nacht zu fahren. Die Lichter der Laternen reflektieren auf dem Lack ... An jeder Tankstelle wird man zum Publikumsmagnet. Die Männer kommen und sind neugierig, und alle Mädels staunen.

Und dann erzähle ich wieder die Geschichte. Von dem Super Seven, wie ich ihn bei der Suche nach einem Cabrio zum ersten Mal zufällig im Internet entdeckt habe, wie er mich gleich umgehauen hat und wie ich ihn Komponente

für Komponente mit meinem Freund René zusammenge-
stellt habe. Und wie er dann Stück für Stück zusammenge-
baut worden ist. Immer wieder erzähle ich das Gleiche, und
immer wieder genieße ich dabei meine Geschichte und die
Blicke meiner Zuhörer.

SAG ES LAUT
Der gemeine Behinderte an sich ...

... fährt ja nicht solche Autos. Wenn er überhaupt ein Auto
hat, dann einen praktischen Kombi, in den er seinen praktischen Rollstuhl packen kann. Das Auto silberfarben, der
Rollstuhl beige. Musik hört der Behinderte sicher auch sehr
gerne, weil ihm ja sonst nicht viel vom Leben bleibt. Lesen
geht natürlich noch und dann, ganz wichtig, der Computer.
Mit dem kann er sich durch das Internet chatten und mit
Leuten kommunizieren, die auf diese Weise nicht mitbekommen, dass er behindert ist. Und modisch ist er natürlich
auch nicht. Wozu auch? Er geht ja eh nur vor die Tür, wenn es
sein muss. Vielleicht zur Selbsthilfegruppe und dann, wenn
der Kühlschrank leer ist. Und Frauen? Frauen gibt ganz klar
auch keine, und wenn, sind die ebenfalls behindert. Das
passt dann und ist erlaubt. Rührend. Die anderen Frauen,
die gesund und munter sind, die lächeln ihn schwesterlich
an und sollte sich eine verirren und sich tatsächlich in ihn
verlieben, dann ist dieses Glück eigentlich nicht zu fassen.
Wenn der Behinderte mit dem Auto in die Stadt fährt, dann
hat er seinen Behindertenausweis gut sichtbar hinter seiner
Windschutzscheibe liegen. Die Welt ist geregelt, auch wenn
er nichts mehr geregelt kriegt.

Stereotypen? Schubladen? Nicht differenziert genug? Es gibt
Menschen, die so über Behinderte denken. Sie katalogisieren
nach »geht grad so«, »schlimm behindert« und »schnell weg
schauen«. Diese herauszufordern macht mir einen Heiden-

spaß. Ich möchte der Welt und den Behinderten zeigen, dass es auch anders geht. Dass wir alle zusammen auf diesem Planeten gerade in diesem Moment leben und gemeinsam die Gesellschaft in unserem Land bilden. Mit anderen, denn es gibt ja noch mehr als behindert oder nicht.

Kinder zum Beispiel haben gar keine Vorbehalte bezüglich Behinderung. Sie sehen dich nur an und denken O.K., der sieht anders aus als mein Papa und hat irgendwie keine Füße mehr. Was ist also da los? Kinder schauen sich das in Ruhe an und kommen dann zu dem Schluss, er sieht zwar anders aus, aber auch nicht so, als ob er mich gleich anspringt. Also kommen sie auf einen zu und fragen. Sie sind unvoreingenommen. Wenn man dann auf die Fragen eingeht, dann können Kinder das gut verstehen, dass die Welt nach einem Unfall anders funktioniert. Sie fragen einfach weiter, wenn ihnen etwas unklar ist. Wenn Erwachsene genauso reagieren würde, wäre die Welt einfacher, für die Behinderten und die Nichtbehinderten.

Einmal stand ich in der Stadt vor einem Schaufenster. Von links kam ein kleines Mädchen, total goldig. Vielleicht war sie drei oder vier Jahre alt, mit zwei Zöpfchen und einem Eis in der Hand. Sie betrachtete mich und fragte dann, warum ich denn keine Beine mehr hätte und ob das noch wehtun würde. Sie hat sich also wirklich dafür interessiert, war auch gar nicht kontaktscheu. Dann, als ich gerade anfing zu erklären, dass ich einen schlimmen Unfall hatte, dass aber nichts mehr wehtut, kam von hinten die Mutter angeschossen, zog das Kind weg und sagte aufgebracht: »Hör auf, mit dem Mann zu reden, komm weg da!« So nach dem Motto »Pass auf, das ist ansteckend«. Die Beinlosigkeit geht um! Na ja, das fand ich total daneben und habe entsprechend reagiert. Das kann man mit Kindern nicht machen. Ich hätte gerne etwas Bissiges gesagt, aber das bringt nicht viel. Es hätte das Kind nur noch mehr verunsichert und der Mutter neuen Zündstoff gegeben.

Meine Tochter Emely wird die Welt vielschichtiger erfahren. Nicht so eindimensional wie diese Frau, die noch nicht verstanden hat, dass Behinderung keine Krankheit ist und Menschen im Rollstuhl nicht dahinvegetieren, sondern leben und das meist gut.

Wo dieser Überraschungseffekt sehr gut funktioniert ist im Autokino. Deswegen sind Stefan und ich dort immer wieder hingefahren. Nicht nur wegen der Atmosphäre, dem Ambiente und den Filmen, sondern weil du im Autokino andere Menschen, besonders Schubladendenker, besonders schnell und effektiv verblüffen kannst. Waren Sie schon mal im Autokino? Wenn nicht, dann sollten Sie das unbedingt mal machen. Autokino ist so ein bisschen wie Modenschau. Achtung, Achtung, heute suchen wir Germany's next Top Car. Wenn du da mit dem Super Seven vorfährst, wird der Sensationsfaktor erheblich potenziert. Rechts aus dem Wagen schauen, links schauen und den Staunenden freundlich zunicken. Kein Mensch kommt auf die Idee, dass hinter solch einem Lenkrad ein Mensch ohne Beine sitzt. Ich genieße das total! Nicht, dass sie mich verkehrt einschätzen, sondern die Verblüffung, wenn ich aussteige.

Mit Vergnügen konfrontiere ich damit, was alles möglich ist, auch wenn man keine Beine hat. Tolle Autos, lautes Lachen, Kumpels, Mädels, Partys, Freunde. Alles, alles geht, mit und ohne Beine.

Aus demselben Grund habe ich auch keinen Behindertenausweis an der Windschutzscheiben kleben. Wenn ich aus meinem Cabrio die Menschen anlächle, dann merken die erst einmal nichts. Ich hab ja kein Loch im Kopf, durch das man durchgucken kann, sondern es fehlen mir die nur Füße.

Wenn ein Querschnittsgelähmter im Auto sitzt, dann siehst du erst recht nicht, ob der behindert ist oder nicht. Du könntest ihm vielleicht mit einer Nadel ins Bein stechen und warten, ob er »Aua« schreit. Das wäre der ultimative Test. Sagt er nichts, dann ist das der Beweis: Er ist gelähmt.

Wenn ich nun mit dem Auto auf einem Behindertenparkplatz parke, dann ernte ich regelmäßig tödliche Blicke. Für die Passanten bin ich dann ein arroganter Schnösel, der sich rotzfrech mit seinem fetten Auto auf einen Behindertenparkplatz stellt. Die Menschen, die sich sonst keine Minute für Behinderte interessieren, werden jetzt zu Wachhunden.

»Wissen Sie eigentlich, dass das ein Behinderten-Parkplatz ist?«, fauchen sie mich an. Bei einem hat sich die Stimme dabei fast schon überschlagen. Sie schauen nicht, sie warten nicht, sie fragen nicht, sondern sie bauen sich erst einmal auf. Ich lasse dann höflich meine Seitenscheibe runter. »Das genau ist der Grund, warum ich hier parke,« sage ich und warte, was geschieht.

Die meisten denken jetzt, ich wolle sie provozieren. So eine Frechheit, steht ihnen auf der Stirn geschrieben. Dann kommen sie näher und schimpfen weiter, während ich weiter gelassen im Auto sitzen bleibe. Das regt sie dann noch mehr auf. Sie kommen auf mich zu. Wenn sie dann ganz nah an meinem Auto stehen, zeige ich diskret nach unten. »Was können Sie hier im Fußraum sehen?«, frage ich.

Wenn es soweit kommt, dann ist damit auch das Ende der Diskussion erreicht. Die Meckerer werden still und rot. Und ich lege jetzt meinen Ausweis hinter die Scheibe und packe in aller Seelenruhe meinen Rollstuhl aus. Jetzt macht der Ausweis Sinn, eben, weil ich parke. Beim Fahren brauche ich den Ausweis nicht.

Früher war ich viel aggressiver. Früher habe ich die Leute manchmal regelrecht angepöbelt. Ein schiefer Blick genügte, und bei mir stieg der Pegel. Es brauchte nicht viel, und ich zerlegte andere verbal in Einzelteile. Nicht weil ich ein aggressiver Typ bin, sondern aus einer Art Hilflosigkeit heraus. Ich hatte noch so viel mit mir zu tun, es gab eine Menge zu verarbeiten, da ist es einfach so lästig, wenn dann die Menschen schauen. Als Mensch, der eine frische Behinderung hat, möchte man erst einmal alleine damit klar kommen. Ganz geschützt und diskret. Das geht aber nicht, man hat keine Wahl. Wenn du nicht alleine versauern willst, dann musst du raus auf die Straße. Am Leben teilzunehmen heißt auch, sich Blicken auszusetzen. Die sind oft mitleidsvoll, oft freundlich, oft unterstützend und eben oft auch abschätzend oder abwertend. Und wenn nicht abwertend, dann doch auf jeden Fall bewertend. Das muss man erst einmal aushalten lernen. Vor allen Dingen ist diese Aufmerksamkeit ja auch ungewohnt. Nach mir hat sich niemand umgedreht, als ich noch Beine hatte, und nun werde ich permanent gesehen und bleibe oft genug auch im Gedächtnis hängen.

Heute bin ich viel souveräner geworden. Ich habe mich mit meiner Behinderten-Rolle nicht abgefunden, sondern meine Behinderung in mein Leben integriert. Wir gehören zusammen, die fehlenden Beine und ich.

Mit aller Kraft habe ich mich gegen die Schublade gestemmt, in die mich andere stecken wollten. Anstatt zu bejammern, was nicht mehr geht, habe ich mich auf meine Stärken konzentriert und begonnen, diese zu kommunizieren. Ich zeige mich und freue mich, wenn ich bei anderen die Gedanken lese: »Ups, du hast ja gar keine Beine. Auch egal. Lass uns weiter machen.« Diese Unterscheidung zwischen Behinderten und Nichtbehinderten ist doch völliger Quatsch. Im Grunde sind wir alle Menschen. Alle haben wir Defizite und Qualitäten. Manche brauchen eben einen Rollstuhl und andere nicht.

FÜHR MICH ANS LICHT
Handbike-Fieber

Sportlich war ich ja vor dem Unfall auch schon. Ich habe Eishockey gespielt und Basketball, allerdings nicht auf der Ebene Leistungssport. Dann nach dem Unfall war Rollstuhl fahren schön und gut. Am Anfang war ich auch überglücklich, wieder von der Stelle zu kommen. Das war ja schon mal was, aber wenn man vorher gelaufen, gesprungen und gerannt ist, dann ist die Schnelligkeit eines Rollstuhls Schneckentempo. Auch wenn man noch so Gummi gibt.

Ziemlich bald entdeckte ich das Handbike für mich, um längere Strecken zurückzulegen. Zunächst als Vorsatz für den Rollstuhl. Sehr schnell eröffneten sich dann aber für mich neue Horizonte, die mich in ungeahnte Höhen führen sollten. Diese Bikes erlebte ich unter mehreren Aspekten. Zum einen war und bin ich ja ein Technikfan. Außerdem spielt Ästhetik wie gesagt – auch eine große Rolle in meinem Leben.

Ich erinnere mich noch an das erste Mal, als ich ein »echtes« Handbike sah. Meine Sehnsucht war sofort geweckt. Ich weiß noch, dass ich dachte, wenn ich selbst einmal so etwas habe, dann muss es etwas Besonderes sein. Etwas, was mich beim Fahren auch richtig inspiriert.

Es ging dann alles schneller, als ich dachte. Nach der Klinikzeit fühlte ich mich mit dem Ergebnis von Fressexzessen und wenig Bewegung immer unwohler und selbst bei der kleinsten Regung fing ich an zu schwitzen. Da war klar, dass ich etwas für meinen Körper tun musste.

Ich setzte alle Hebel in Bewegung, um ganz schnell zu einem Handbike zu kommen. Sofort hatte ich die Unterstützung meines Vaters, und wir stellten einen Antrag bei der Krankenkasse, die damals noch großzügiger mit der Bewilligung von Prophylaxe-Geräten war als heute. Heute müssen die Jungen, die nicht mehr selbst pinkeln können, froh sein, wenn sie ihre Katheter bezahlt bekommen und sie mehr als dreimal am Tag aufs Klo dürfen.

Kurze Zeit später hatte ich es dann. Es war rot und im Gegensatz zu meiner heutigen »Rennsemmel« sackschwer. Aber es brachte viel Freiheit und das tolle Gefühl mit sich, dass sich mein Aktionsradius im Vergleich zum Rollstuhl noch einmal erheblich erweiterte. Mobilität lautete mein Slogan. Ich konnte einfach sagen, ich fahre mal kurz in die Stadt, und weg war ich. Schnell erweiterte ich meinen Aktionsradius und wollte die ganze Welt mit dem Ding bereisen. Na ja, also sagen wir mal die Umgebung von Darmstadt zumindest.

Als ich dann 1996 bei dem Reha-Fachhandel Rehability anfing zu arbeiten, hatte ich schnell ein anderes Rad im Kopf. Eins, das leichter war und auch besser aussah als mein eigenes. Nun war ich an der Quelle des guten Materials angekommen, und das war gut so. Ich fuhr damals regelmäßig mit »Monsieur Chef« Michael über die Heddesheimer Felder. Zu diesem Zeitpunkt noch hinter ihm her, mit hängender Zunge und zweihunderter Puls, aber das sollte sich in der Zukunft ändern.

Im Jahr 2001 entdeckte ich den Hockenheimring für mich und mein Bike. Die Autorennstrecke ist einmal in der Woche offen für alle. Das ist im Grunde wie eine Skater-Night. Da kannst du mit Inliner fahren oder mit dem Rennrad oder eben mit dem Handbike deine Runden drehen. Schön ohne Gegenverkehr. Es gibt da eine Wurstbude, wo man dann erst mal schön eine Currywurst essen kann. Und es gibt Musik in der Boxengasse. Die Leute machen einfach Picknick auf dem Rasen neben der Rennstrecke. Es hat einen ganz besonderen Charme: Man trifft sich auf dieser Rennstrecke, auf der die ganz Großen schon gefahren sind, sitzt im Fahrrad drin oder steht einfach da und schwätzt ein bisschen. Vielleicht hast du einen Riegel in der Hand oder so, die Sonne brennt dir aufs Gesicht und du guckst ein bisschen den Mädels auf den Hintern. Ja, das gehört auch dazu.

Wir zogen dort jeden Dienstag mit den Handbikes unsere Runden, und ich wurde von Mal zu Mal etwas besser und schneller. Einige der Jungs, die dort fuhren, meinten, ich könne es in der Handbike-Szene mit meinen Voraussetzungen echt zu etwas bringen. »Nur die Füß' hat er ab, aber sonst noch voll da! Keine schlechte Grundlage!« Ich nickte nur und dachte bei mir: »Ich mach das doch alles nur, um wieder auf Normalgewicht zu kommen. Ich will gut aussehen und es interessiert mich nicht, mir mit anderen ein Kopf-an-Kopf-Rennen zu liefern.« Insgeheim stellte ich mir aber vor, wie es sich wohl anfühlt, einmal auf dem Treppchen zu stehen. Neugierig schaute ich den Typen zu, die aus dem Handbikefahren einen Sport gemacht hatten und die in ganz Deutschland Wettkämpfe und Marathons fuhren. Das waren ziemliche Kaliber!

Ich war angefixt!

Es dauerte nicht mehr lange, bis ich mich für meinen ersten Marathon anmeldete und dafür den ganzen Winter über trainierte. Es war besiegelt. Ich hatte eine neue Sportart für mich entdeckt.

SEINE STRASSEN
Der Marathon-Sitzmann

Der Mainz-Marathon 2001 war mein erstes Rennen. Die besten Fahrer des Landes waren am Start, und ich malte mir keinen wirklich guten Platz aus. Trotzdem war ich hoch motiviert und so gut es ging vorbereitet. Der Startschuss fiel und ich preschte los, ohne darauf zu achten, dass man sich vielleicht noch Kraft für später aufheben sollte.

Meine Großeltern aus Frankfurt standen als jubelndes Privatpublikum mit an der Strecke und feuerten mich an. Es war warm, mein Puls hoch und der Schweiß lief mir nur so über das Gesicht. Nach einem letzten, schmerzhaften Anstieg hatte ich nach 20 Kilometern die Ziellinie erreicht und damit den sechsten Platz in meiner Tasche. Ich war stolz auf mein Ergebnis!

Die Deutsche Meisterschaft in Elzach im Sommer 2002 war meine nächste Etappe. Ich hatte trainiert wie ein Wilder, hatte meinen Chef über die Felder gejagt, den Heidelberger Schlossberg zwei Monate lang bei Wind und Wetter erklommen, Dutzende von Japanern und Chinesen dort flüchtig getroffen, die mich in meinem Sportgerät wie einen Superstar fotografierten.

Ich hatte 20 Kilo abgenommen und sah das erste Mal nach dem Unfall so aus, wie ich es mir schon immer vorgestellt hatte. Schlank und muskulöse Arme, die sich unter dem

T-Shirt sehen lassen konnten. Salat und Nudeln waren bei Tisch meine besten Freunde. Es hat einfach alles gepasst.

Diese Deutsche Meisterschaft war der Auftakt für eine kleine Phase der temporären Überheblichkeit. Ich gewann das Straßenrennen, und im Einzelzeitfahren war ich zweiter. Also gleich zweimal auf das Siegertreppchen. Das war der Hit! Vor allem, weil ich mir mit dieser Einlage das Ticket für die Weltmeisterschaft erspielt hatte. Kaum saß ich im Auto zündete ich mir erst mal eine Siegerzigarette an. Mein Bruder Daniel hielt beeindruckt die Trophäen des Tages auf dem Schoß.

Ich wurde von der Szene als Newcomer des Jahres 2002 gefeiert und wollte meine kleine Fangemeinde nicht enttäuschen. Jeden Tag trainierte ich noch ein wenig mehr, denn ich wollte bei der Weltmeisterschaft richtig gut abschneiden und die anderen besiegen. Mein Ehrgeiz war vollständig entfacht.

Die Erfolgsgeschichte riss nicht ab und so wurde ich nach einem schnellen Rennen im Zielsprint zweiter. Silber! Was für ein Hype! Jetzt war ich endorphinmäßig auf meinem Peak. Was ging jetzt noch?

In der Zwischenzeit fuhr ich den ein oder anderen Marathon und platzierte mich in der Spitze der deutschen und europäischen Fahrer. Im Jahre 2003 trat ich zur Deutschen Meisterschaft an, aber nur weil sie Vorraussetzung für mein nächstes großes Ziel war: die Paralympics in Athen! Diesmal war nicht Daniel, sondern Stefan mit von der Partie. Nach einem knackigen Einzelzeitfahren im Nieselregen, erreichte ich den Titel des Deutschen Meisters 2003. Stefan war stolz und konnte kaum glauben, dass alles so schnell gegangen war. »Kam, sah und siegte«, grinste er.

Der Winter und lange »Trainingsrollenschmusereien« fingen an. Ich hasse es, auf der Rolle zu trainieren. Du sitzt da im Zimmer, es bewegt sich nichts und die Brühe läuft dir vom nicht vorhandenen Fahrtwind ungekühlt herunter. Aber es musste sein, denn sonst wäre es im Folgejahr nicht weitergegangen in Richtung Ziel. Ich musste mich fit halten.

Anfang 2004 begann dann die große Schlacht zwischen den deutschen Spitzenfahrern, denn jeder wollte in die Nationalmannschaft und natürlich für Athen auf der Checkliste stehen. Dann der Schock! Es gab nur zwei Plätze nach Griechenland. Vier Rennen sollten es sein, die über hier oder dort entschieden. Der Düsseldorf-Marathon, der Hamburg-Marathon, der Bonn-Marathon und das Abschlussrennen in der Stadt, an die ich mein Herz verschenkt hatte und die mich nach meinem Unfall so herzlich aufgenommen hatte: Mannheim.

Düsseldorf war eine Katastrophe. Die Streckenposten verschwanden zum Pinkeln hinter irgendeiner Ecke und keiner wusste mehr, wo der Verlauf des Marathons sich vorbeischlängelte. So kam es beinahe zu einem riesengroßen Desaster, als wir in der Führungsgruppe mit Renngeschwindigkeit auf eine voll befahrene Kreuzung einliefen und den hupenden Autos ausweichen mussten.

Der zweite Marathon in Bonn war eine Demonstration meiner dicken Arme und meiner mentalen Stärke. Ich gewann ihn bei Nieselregen mit großem Vorsprung und war danach einen Meter größer als zuvor.

Hamburg, die Stadt am Wasser. Da Daniel dort seit einigen Jahren wohnte, hatte ich einen besonderen Bezug zu Hamburg. Ich fühlte mich gleich wohl und war froh, dass mein Bruder da war, um mich tüchtig anzufeuern.

Es war ein sehr schnelles Rennen am Folgetag. Sogar so schnell, dass die Helfer gerade dabei waren, ein Zeitmesstor aufzublasen, als wir schon im Ziel einliefen. Diese Zeit haben wir leider nicht bekommen, da wir ja für die Zeitmessung zu schnell gewesen waren. Da wurden die »Behindis« mal wieder unterschätzt! Start war um 9.00 Uhr, und um kurz nach zehn waren wir bereits pünktlich zum zweiten Frühstück im Ziel. Auch bei diesem Rennen konnte ich mich als bester Deutscher behaupten.

Nun folgte das letzte Rennen in Mannheim. Ich war sehr aufgeregt, da ich zusätzlich noch ein Filmteam am Rockzipfel hatte, denen ich natürlich auch gutes Material liefern wollte. Es war ein warmer Tag, und die Stadt empfing mich mit Ihrem schönsten Gesicht. Die Weltspitze war angetreten und nahm Startaufstellung. Der Schuss ertönte und brachte mir sofort ordentlich Puls für den Kickstart ein. Die ersten zwei Kurven waren genommen, und plötzlich standen wir vor einem riesengroßen Feld von Läufern, die vor uns gestartet waren. Panik brach aus, denn einige Fahrer schrien laut auf die viel langsameren Läufer ein. Erste Menschen stürzten zu Boden und die Katastrophe war perfekt. Ich sah ein paar Meter vor mir einen Holländer auf dem Gehsteig durch die Massen fahren und folgte ihm.

Nach diesem Spießrutenlauf war der Hauptteil des Feldes geschafft und ich konnte mich wieder voll auf das Rennen konzentrieren. Die deutschen Fahrer, die meine Konkurrenz bildeten, waren nicht mehr zu sehen, und ich legte das ganz große Blatt auf. Jetzt ging es um alles, um das Ticket zum Olymp, das mir keiner mehr nehmen sollte. Meine »Öldruckanzeige« pendelte vom roten in den dunkelroten Bereich und ich hoffte, dass alles bald vorbei war. Der Spießrutenlauf hatte viel Kraft gekostet. Dann ging es noch ein paar Mal um die Ecke, nach rechts und links, dann hinter dem Maritim Hotel auf die Zielgerade, wo alle Augen auf mich und die beiden vorausfahrenden Holländer gerichtet waren. Ein Hexenkessel, der überzukochen drohte. Ich mobilisierte die letzten Kräfte und schoss im Zielsprint über die Linie, vorbei an schreienden Menschenmassen. Die Sonne schien, und in der Luft lag der Duft der weiten Welt, der das Leben in diesem Augenblick lebenswert machte.

Ich war in der Stadt der »Söhne«, die ich vor allem mit Xaviers Musik und den Nachtfahrten zu mir selbst verband, Dritter geworden und hielt mein Ticket für Athen in den Händen.

Dann ging es ab nach Athen. Ein Flieger voll mit Olympioniken aus Deutschland, alle hoch motiviert im Land der Sonne und des Retsina.

Der Tag des ersten Rennens kam nach zwei langen Wochen des Wartens. Der Startschuss fiel, und wir preschten davon. Es waren fünf Runden zu fahren und eine hatten wir gleich hinter uns. Vom Feld schon abgesetzt waren wir jetzt nur noch zu viert. Hans Meierhofer, mein Freund Cefas Burmann aus Holland, Al Handro, der Amerikaner, und ich. Die Lücke war beachtlich, und ich dachte, wenn es so weitergeht, läuft es sicher auf einen Zielsprint hinaus, in dem ich mir einen der vorderen Plätze ausmalte. Dann plötzlich bemerkte ich, dass mein Sitzkissen Luft verlor. Was für eine Katastrophe! Es waren noch drei Runden zu fahren, und ich saß gleich auf blankem Metall. Das würde ich nicht mal mit zusammengebissenen Zähnen aushalten.

Die Szene, die ich dann erlebte, war eine der unsportlichsten in meiner Karriere. Cefas Burmann wollte sich nach einem Anstieg vor dem Amerikaner wieder in die Gruppe einordnen, um den Windschatten bergab nutzen zu können. Al Handro ließ ihn nicht einfädeln, schloss die Lücke und spuckte ihm bei voller Fahrt ins Gesicht. Wäre ich in diesem Moment in seiner Reichweite gewesen, ich hätte ihn mit allen Konsequenzen aus seinem Rad geworfen, so unglaublich war das für mich.

Mein Kissen war kurz darauf endgültig platt und das bedeutete das Aus. Ich saß auf Metall und hatte mich schon wund gesessen, Blut lief. Trotz Anstrengung konnte ich nichts mehr retten. Ich ließ mich ausrollen, fuhr auf das Fahrerlager zu und brach sofort in Tränen aus.

Alles, wofür ich die letzten Jahre und Monate hart trainiert hatte, löste sich vor meinen Augen auf. Dazu kam auch noch das Entsetzen der Unsportlichkeit, deren Bilder mich bis heute beschäftigen.

Der Sitzkissenhersteller schickte einen Kurier per Flugzeug nach Athen, um mir ein neues Sitzkissen zu bringen. Es stand noch das Einzelzeitfahren aus, für das ich nun alle meine Kräfte zusammennahm. Am Morgen des Starts legte ich das Kissen ins Bike und startete. Nach der ersten Runde musste ich erneut abbrechen, da auch das neue Sitzkissen Luft verlor und nach kurzer Zeit platt war. War meine Glückssträhne nun vorbei? Wo waren meine Schutzengel, die mich immer begleitet hatten?

Das war's. Die Wettbewerbe waren für mich vorbei. Ganz anders, als ich es mir vorgestellt hatte. Tief enttäuscht fuhr ich nach Hause.

Nach den Paralympics wurde es still um mich. Ich hatte keine Lust auf Rennen. Weder national noch international. Zu tief saß die Enttäuschung der Niederlage. Der schlechte Support von Seiten des Bundestrainers und seinem Gefolge hatte den Rest dazu gegeben. Klar, Bike fuhr ich weiterhin, schon alleine deswegen, um nicht wieder zu fett zu werden und meinen Body einigermaßen in Schuss zu halten. Ich wollte jedoch keinen der üblichen Verdächtigen so schnell wiedersehen und wurde wieder zum Einzelgänger.

Es war schwer für mich, das muss ich so sagen. Träumen nachzugehen, Ziele zu verfolgen, ist eine Sache, aber wie gehst du damit um, wenn sich ein Traum nicht erfüllt. Bastelst du dir dann den nächsten Traum? Was, wenn auch der sich nicht erfüllt. Ziele sind etwas total Anspornendes, Erfüllendes, aber man muss es auch wirklich lernen, mit Niederlagen und geplatzten Träumen umzugehen. Wie oft lag ich in meinem Bett und dachte darüber nach, ob ich mich noch mal einer sportlichen Herausforderung stellen sollte und welche das dann sein könnte.

Gespräche mit Freunden helfen nur bedingt, denn anmelden für einen Wettkampf musst du dich allein. Wenn man dann nicht wirklich und restlos an sich glaubt, kann man eigentlich auch gleich zu Hause bleiben.

Ein Jahr nach dem letzten Wettbewerb in Athen erfuhr ich dann mehr zufällig als sonst etwas von einem Rennen in Norwegen. Es nannte sich übersetzt »Die große Kraftprobe« und war seinerzeit schon 39 Mal veranstaltet worden. Eine Mörderstrecke von Trondheim nach Oslo. 540 Kilometer und 4500 Höhenmeter und das in maximal 45 Stunden, so die Vorgabe des Veranstalters. Ich spürte, wie ich wieder ganz wach wurde. Es fühlte sich wie ein innerer körperlicher Blitz an. Da war sie wieder, meine Lust auf Herausforderungen. Hatte sich nur ausgeruht und von den geplatzten Träumen erholt. Wie bei einer Liebe auf den ersten Blick wusste ich sofort, dass ich genau das wollte. Ich wollte dabei sein und mich genau diesem Rennen stellen.

Das, dachte ich mir, ist deine Chance, die Olympia-Pleite wiedergutzumachen. Meine Seele und mein verletzter sportlicher Ehrgeiz sollten Linderung erfahren. So fing ich einfach mal an zu trainieren. Es war Sommer, und das Rennen noch ein ganzes Jahr hin. Nach drei Monaten fragte ich dann Stefan, ob er Interesse hätte mitzufahren.

»Was willst du machen?«

Er tippte sich mit dem Zeigefinger an die Stirn und zeigte mir damit einen Vogel. Unverständig schüttelte er mit dem Kopf. »Norwegen, was soll das denn werden?«

Das war nicht die Antwort, die ich hören wollte. Ich war aber schon im Fieber, und wenn ich das bin, dann lasse ich nicht locker, egal, wer was sagt. Das heißt nicht, dass ich mich gegen Argumente verschließe, aber ich lasse mich nicht abhalten, eine Sache wenigstens auszuprobieren.

Ich bohrte bei jeder gemeinsamen Bikefahrt weiter. Norwegen ohne Stefan ging nicht. Wenn ich etwas wage, dann habe ich meinen Blutsbruder gerne an der Seite. Wir schaffen das dann zusammen und siegen zusammen. So, wie wir damals gemeinsam verloren haben.

Es dauerte genau zwei Wochen, bis Stefan nicht mehr Nein sagen konnte. Wir begannen sofort zu spinnen, welch ein Abenteuer das werden könnte. Ein neuer Traum war da! So schlief ich jetzt jeden Abend mit dem Gedanken ein, dass wir nach Norwegen fahren würden. Das war wunderbar und erfüllend.

Irgendwann in dieser Zeit kam dann die Idee auf, dass wir nicht nur zu unserer eigenen Belustigung, sondern für einen guten Zweck fahren könnten. Sich in den Dienst einer Sache zu stellen, motiviert ja noch mehr und gibt Kraft.

Ich hatte Xavier Naidoo und die Söhne Mannheims zu dieser Zeit bereits kennen gelernt und arbeitete im Musikpark in Mannheim auf der gleichen Etage, wo auch Xavier und die Söhne ihr Büro hatten. So bekam ich mit, dass es einen Förderverein der Söhne Mannheims e.V. gab, der sich für Straßenkinder, Obdachlose, und alleinerziehende Mütter einsetzte. So war schnell klar, für wen ich mein Rennen bestreiten würde. Begeistert von der Idee sprach ich dann mit Stefan Semel, dem ersten Vorsitzenden, der meine Idee auch sofort gut fand. Eins kam zum anderen, und so fuhren wir also für Straßenkids aus Mannheim. Geile Motivation! Für mich machte mein Sport noch einmal mehr Sinn, denn ich konnte durch meine Kraft nicht nur gewinnen, sondern vielleicht anderen sogar etwas Gutes tun.

Jetzt mussten Sponsoren her. Durch meine Arbeit, die auch darin bestand, Events für das Mannheimer Nachtleben zu organisieren, kannte ich viele Leute von unterschiedlichsten Firmen aus der Umgebung. Jeden, der mir einfiel, sprach ich an und versuchte ihn für die gute Sache zu gewinnen. Parallel trainierten wir wie die Wilden. Mehrmals in der Woche waren wir auf den Bikes und auch im Schwimmbad, um uns richtig fit zu machen. Es gab eine Pressemappe, in der auch Xavier und die Söhne vertreten waren und auch das Fernsehen war ab einem bestimmten Zeitpunkt mit von der Partie und dokumentierte unsere Tour.

Dann kam der Tag X, und wir machten uns auf den Weg, um die große Kraftprobe zu bestehen. Alles war vorbereitet für unseren großen »Ritt auf dem Vulkan«. In Trondheim angekommen akklimatisierten wir uns zwei Tage lang und bereiteten uns auf den Start vor. Ein letzter Check der Bikes, dann ging es los. Es regnete, als wir zum Start-Punkt rollten, doch das motivierte uns nur noch mehr. Wir wollten jetzt 540 Kilometer durch Norwegen fahren. Welch eine Freude!

Kurz nach dem Start und dem Verlassen von Trondheim riss der Himmel auf und bot uns ein wundeschönes romantisches Abendsonnenspektakel. Dieses gesegnete Wetter sollte uns auf dem Rest der Strecke begleiten. So brachten wir die ersten 180 Kilometer hinter uns, immer den Berg hinauf, Stefan voraus. Einige kleine Pausen und Klamottenwechsel, dann ging es weiter. Wir hatten keine Zeit zu verlieren, die Kinder brauchten uns. Wir wollten es allen beweisen. »Du schaffst das nie«, hatten manche gesagt und bei mir genau dahin getroffen, wo man mich treffen muss, wenn man mich besonders anfixen will. Ich holte tief Luft und zog voll durch.

Alles war aus einer Laune und einer Vision heraus entstanden, und jetzt strampelten wir uns die Seele aus dem Leib. Der Kilometerzähler zeigte 300 Kilometer an. Über die Hälfte war geschafft, und wir fühlten uns gut. »Immer schön an der Karamalz-Flasche nuckeln«, sagte ich zu Stefan, »das gibt Kraft«. 16 Liter Flüssigkeit hat jeder von uns auf dieser Fahrt weggeputzt.

450 Kilometer, zeigte der Kilometerzähler einige Stunden später, und ich war schon sehr müde. Doch es ging weiter: noch 90 Kilometer hoch und runter und hoch und wieder runter. Das zehrte an den Kräften, und die Reserven schienen bald aufgebraucht zu sein. Das große Ziel vor Augen

und die Freude des Sieges schon im Herzen, fuhren wir dennoch immer weiter. In der zweiten Nacht ohne Schlaf und Ruhe.

Nach einer letzten Steigung lag es vor uns: das Ziel. Die Weltstadt Oslo in ihrer ganzen Lichterpracht. Sie erwartete uns. Dort unten waren die Ziellinie, das warme Bett, die Menschen, die uns zujubelten und die unbeschreibliche Freude, das Glück, dass wir es geschafft hatten. Nur noch ein paar Meter. Ich ließ das Bike den Berg hinunterrollen und blickte auf die Lichter der Stadt. Der Tacho zeigte 45 Stundenkilometer an, und der Fahrtwind kühlte mein schweißnasses Gesicht.

Wir rollten über die Ziellinie, die Kurbeln drehten sich ein letztes Mal und dann stand das Rad ganz still. Wir waren nun 30 Stunden und 30 Minuten ununterbrochen unterwegs gewesen, die Kurbeln hatten sich 130 tausend Mal um sich selbst gedreht, ohne dass ihnen schwindelig geworden war. Wir hatten keine Panne, keinerlei Schwierigkeiten gehabt. Es gab nur uns, das wunderschöne Land mit seinen kühlenden Wäldern und die Tatsache, dass wir die große Kraftprobe bestanden hatten.

Meine Athenpleite war nun definitiv verarbeitet. Ich hatte eine vermeintliche Leistungsgrenze um ein Vielfaches überschritten. Das Gefühl danach war das einer große Stärke und Erhabenheit.

Ich dachte mir, dich kann überhaupt nichts mehr umwerfen, du hast was geschafft, das hat noch niemand vor dir gepackt. Da war aber auch das Gefühl, durch diese Aktion anderen Menschen geholfen zu haben. Diese Gefühle haben eine unheimlich große Stärke mit sich gebracht, die bis zum heutigen Tag hält.

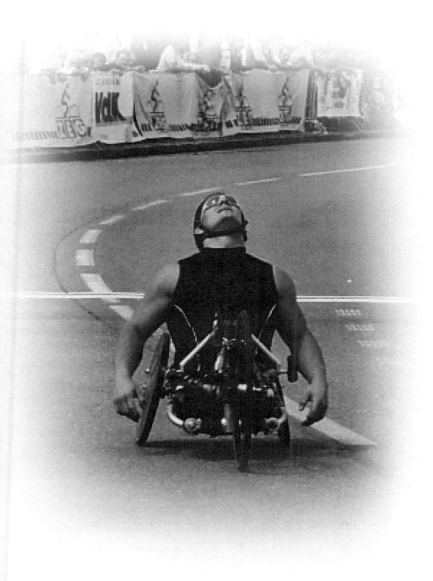

WENN DU ES WILLST
Glauben versetzt Berge

Eine meiner häufigsten Autostrecken ist die A 5. Auf ihr zu fahren ist Nerv und Sehnsucht zugleich. Es gibt wenige Autobahnen, die so nervenaufreibend sind. Karlsruhe ist einer der Engpässe auf dieser Strecke. Meist steht man hier schon mal, und dann zuckelt es sich so weiter. Stau ist nicht mein favorisierter Fortbewegungsmodus im Auto. Es ist fast so, als ob dann auch meine Gedanken stecken bleiben und die Worte nur zentimeterweise vorankommen. Ich bin diese Strecke schon so oft gefahren. Alleine, mit Stefan oder meinem Bruder Daniel. Immer irgendwohin, am besten dorthin, wo es lustiger ist, als da, wo wir gerade herkamen. Inzwischen bin ich gern dort, wo ich bin und wenn nicht, dann verändere ich zügig etwas in meinem Leben.

Ich bin mit dem Super Seven unterwegs, obwohl noch immer Winter ist. Mein Auto und ich lieben die Luftveränderung. Am liebsten auf der linken Spur – aber sicher muss es sein. Den anderen Film hatte ich schon mal. Den muss ich nicht noch einmal sehen.

Kurz vor Baden-Baden ist eine Raststätte. »Herzlich willkommen in einer Region, die für ihre sympathische Lebensart über die Grenzen hinaus bekannt ist«, heißt es in der Werbung und die Küche der Raststätte wirbt mit ihren »Spezialitäten aus Küche und Keller« und dass das Haus »in Deutschland eine ganz besondere Stellung einnimmt«. Ich würde auch gern mal wieder eine andere Stellung einnehmen. Zum Beispiel beim Sex und wenn mich der liebe Gott fragen würde, dann wäre das heute mal im Stehen. Aber er hat mich noch nicht gefragt. Hat wohl seinen Grund.

Direkt neben der Raststätte ist eine Autobahnkirche. Die Abfahrt ist die gleiche. Sie heißt St. Christophorus. Ich bin schon hunderttausend Mal an dieser Kirche vorbeigefahren, und es gibt auch heute keinen Grund, hier anzuhalten. Es ist eher die Neugier, die mich treibt. Von der Kirche habe ich irgendwo schon mal gelesen. Beim Autofahren, stand da, denken Menschen über Vergangenes und Zukünftiges nach. Na bitte, ich könnte glatt den lieben Gott hier fragen, warum ausgerechnet ich nicht mehr im Stehen vögeln darf. Nein, nein. War nur ein Spaß. Ich hoffe, Gott mag diese Art von Witze.

Ich sehe es schon vom Parkplatz aus: Meine Frage kann ich hier nicht loswerden, die Kirche ist geschlossen. Mr. Gott macht grad 'ne Pause. Vermutlich ist er in der Raststätte nebenan und isst gerade ein Trucker-Steak XXL.

Keine Ahnung, ob die Kirche katholisch oder evangelisch ist. Eine Moschee ist es nicht, das kann ich auch vom Auto aus erkennen. Ob Muslime so etwas auch haben – Autobahnmoscheen? Und was machen nun die ganzen Brummifahrer, die hier mit Gott mal eben ein Bier trinken wollten? Fahren zur Raststätte und auf dem Weg dorthin hoffentlich niemand über den Haufen. Beten Brummifahrer? Beten hier überhaupt Menschen? Würde ich hier wirklich beten, wenn Gott zu Hause wäre? Bete ich überhaupt? Und wenn ja, wann und weswegen? Brauche ich dafür überhaupt eine Kirche?

Die meisten Menschen gehen davon aus, dass man bei einer schweren Erkrankung oder einem schweren Unfall sofort zu beten beginnt. Augen auf und »Lieber Gott ...«. Das war bei mir nicht so. Oder doch? Ach ich weiß es nicht so genau. Das sollte ich aber, denn ich vermute, Emely wird mich irgendwann mal fragen. Sie wird wissen wollen, warum der liebe Gott nicht bei mir war und was ich von dieser Sache halte. Ob ich dennoch an Gott glaube. Besser ich fang' mal an, drüber nachzudenken.

Ich habe nach dem Unfall nicht automatisch mit dem Beten begonnen. Vielleicht deshalb, weil ich auch davor nicht viel gebetet habe. Obwohl ich schon glaube, dass es »da« etwas gibt. Meine Eltern haben meine Brüder und mich, katholisch erzogen, aber sie waren nicht wirklich religiös. Eines Tages hatte meine Mutter von der katholischen Kirche genug und wir wurden evangelisch. Eigentlich kein Problem, denn beide Kirchen haben ja denselben Chef. Der Konfirmandenunterricht machte allerdings entschieden mehr Spaß, da man mit Mädels flirten konnte, und auch die Geschenke bei der Konfirmation fielen reichlicher aus. Das war eben insgesamt schon ein bisschen erwachsener. Bei der Kommunion, da ist man ja noch ein Kind, malt Heiligenbildchen und blickt zum Pfarrer auf. Wenn du im Konfirmandenunterricht bist, dann stellst du Fragen.

Also was ist mit Gott in meinem Leben? Oder Religion? Oder Christenum? Für mich ist es ein christlicher Akt: füreinander da zu sein. Aufeinander aufzupassen. So geht es schon mal los und ich finde, dieser Anfang ist ganz gut. Unseren Eltern war das auch ganz wichtig. Wir sollten sozial sein, auf unsere Mitmenschen achten, hilfsbereit sein und eine liebevolle Art an den Tag legen. Wir alle hatten einen sehr guten Umgang miteinander, davon profitiere ich noch heute. Charme und gutes Benehmen können viel dazu beitragen, dass auch halbe Männer ganz gesehen werden. Wenn du gute Umgangsformen pflegst, dann sind die Menschen mit deinem Gesicht beschäftigt. Sie blicken dir in die Augen, ins Gesicht und viele merken gar nicht, dass ich keine Beine habe.

Nochmal zur Familie. An Weihnachten gingen wir immer in die Kirche. Weihnachten bei uns daheim bedeutete: Wir sind im Schnee zusammen in die Kirche gestapft, damals lag ja noch richtig viel Schnee, und ich konnte auch noch stapfen. Wir haben die Christmette gefeiert, gesungen und Geschichten aus der Bibel gehört und all das gemacht, was zu Weihnachten gehört. Es war ein richtiges Bilderbuch-Fest. Nach der Kirche ging es wieder nach Hause, und wir Kids mussten in den oberen Stock und uns gedulden. Doch dort waren wir wahnsinnig aufgeregt und nichts konnte uns beruhigen. Wir warteten gespannt und lauschten, ob sich im Wohnzimmer schon etwas tat. Irgendwann klingelte endlich das Glöckchen und wir rannten wie angestochene Ferkel nach unten ins Wohnzimmer zu dem Baum. Er war groß und glänzte, und natürlich war er voll mit Kerzen, Sternen und bunten Kugeln. Wie es sich eben gehört für einen echten Weihnachtsbaum. Meine Mutter spielte Klavier, und wir erfüllten ihr den wichtigsten Wunsch und sangen mindestens ein Lied. Die Folter schlechthin für jedes Kind, wenn es aus dem Augenwinkel schon die Geschenke liegen sieht und überlegt, welches Päckchen wohl ihm und welches den Geschwistern gehört. Natürlich wollten wir uns viel lieber mit unseren Geschenken beschäftigen, als »O Tannenbaum« zu trällern.

Meine Güte, ich war damals schon so ein ungeduldiger Kerl! Später am Abend, nach dem Sturm auf den Geschenkeberg, saßen wir zusammen. Die Eltern auf dem Sofa und wir Jungen auf dem Boden davor. Wir lungerten herum und bauten unsere Lego-Technik-Kästen zusammen auf. Die ferngesteuerten Autos rasten durch das Zimmer und überschlugen sich immer wieder, weil sie eine Teppichkante einfach nicht schafften.

Weihnachten in meiner Kindheit, das war ganz toll. Es war aber auch das einzige Mal im Jahr, dass ich in der Kirche war. Die Pfarrer, die ich als Kind erlebte, brachten mir den Glauben nicht wirklich näher. Es lag also in der Natur der Sache, dass ich auch nach dem Unfall nicht gleich mit Rosenkranzbeten anfing. Aber die Frage »Warum ausgerechnet ich!« habe ich mir natürlich schon gestellt. Nicht ihm. Mir. Wie viele andere auch, die bei einem Unfall nicht heil rauskommen. Ich kenne niemand, dem diese dämliche Frage dann nicht in den Kopf kommt und ihm das Hirn zermartert.

Wenn man so ohne Beine daliegt, dann gibt es tausend Fragen und Möglichkeiten, wie man sich quälen kann. Als ob man nicht schon sowieso genug mit sich beschäftigt wäre. Man peinigt sich selbst. Es ist wie eine Schallplatte, die einen Sprung hat und niemand den Plattenspieler ausschalten will.

Oder wie ein Film. Immer wieder geht das ganze Szenario von vorne los. Obwohl es komplett unmöglich und irrsinnig ist, meint man, man könne den Film verändern.

Oder es gibt einen Regisseur, von mir aus auch einen Mr. Gott, der beim x-ten inneren Filmdurchlauf auf einmal ausruft: »Halt! Stopp! Schnitt! Wir drehen das jetzt noch mal neu ab. Stefan und Flo wollen losfahren und dann merken sie, dass sie in der Raststätte was auf dem Klo vergessen haben. Sie steigen ab und gehen zurück. Der Laster von vorhin fährt einfach an ihnen vorbei. Aus dem Bild raus.«

Klappe! Fertig. Happy End.

Der Laster blieb aber bei mir im Bild. Bei jedem bleibt alles im Bild, wenn was Schlimmes passiert ist. Man kann nichts ungeschehen machen. Zumindest so einen Unfall nicht. Aber das nützt nichts, wenn dir das andere sagen. Du musst in dem Fall alleine darauf kommen, dass dieser immer wiederkehrende Film sinnlos ist, weil es keinen Regisseur gibt, der etwas neu dreht, und du selbst kannst auch nichts mehr verändern. Du musst es akzeptieren und das kann ein paar Tage, bei manchen auch Wochen oder Monate, sogar Jahre dauern. Ja, es ist anstrengend. Wenn du aber soweit bist, geht das Leben wieder richtig los. Deshalb lohnt sich der Aufwand.

Es ist ein Prozess. Bei mir hat der zum Glück nicht besonders lange gedauert, auch weil mich die Realität immer wieder so schnell eingeholt hat. Entweder durch verschiedene Operationen, in denen irgendwas noch mal korrigiert wurde oder die damit verbundenen Schmerzen. Ja, aber selbst das, was mich damals antrieb, kann ich heute nicht mehr wirklich benennen. Es war dann doch so etwas wie Gottvertrauen, was mir da meine Kraft schenkte, gepaart mit richtig Bock auf mein Leben und diese Welt.

Im künstlichen Koma hatte ich einen wichtigen Traum, ganz sicher hat der mir dabei sehr geholfen, positiv zu denken. Ich war an einem ganz hellen Ort. Es war kein Raum, es gab keine Decken und keine Wände, es war ganz einfach nur ein Ort, an dem es sehr, sehr hell war. Ich lag auf einem Tisch und von meinem Körper aus gingen viele dünne Schläuche in den Himmel, durch die mein Blut floss. Rechts und links von mir standen mein Vater und meine Mutter und auch ein farbiger Arzt und eine farbige Schwester. Die wollten die Schläuche von mir abtrennen, ja zerschneiden. Ich habe mich mit aller Kraft dagegen gewehrt. Also haben sie von mir abgelassen. Ich lag noch eine Weile an diesem Ort und bekam dann das Gefühl, dass ich mir keine Sorgen mehr machen muss. Ich wusste, dass ich behütet bin. Es war so ein beschützendes Gefühl, und es wurde dann auch wieder alles ganz warm um mich herum. Ich entspannte mich und hatte überhaupt gar keine Angst mehr, dass mir jemand etwas zuleide tut. Dann war der Traum auch schon vorbei. Ich fühlte mich sehr sicher und geborgen, obwohl mir doch so etwas Schlimmes passiert war. Geborgen auf diesem Weg, den ich vor mir hatte. Ich wusste, ich kann das alles schaffen.

Seit diesem Traum kann ich mir vorstellen, dass es nach unserem irdischen Leben auch noch ein anderes gibt. Eine ganz besondere Raststätte. Nur mein Opi Helmut ist schon dort, kennt sich bestens aus und wartet auf uns. Er schlief eines Freitags nach der Hausarbeit einfach ein. Einen würdevolleren Abgang kann ich mir kaum vorstellen. Mitten aus dem Leben direkt in den Himmel! Und das mit zweiundneunzig. Wenn die körperliche Hülle zu Asche zerfällt, muss die Seele ja auch irgendwohin. Die besteht ja aus Energie. Ich habe mal in einem Buch gelesen mit dem Titel »Luci mit C« von der Beschleunigung der Seele auf Lichtgeschwindigkeit und das hörte sich durchaus plausibel an und beruhigte nachhaltig meine Angst vor dem Tod. Auf der anderen Seite ist es auch oft besser, nicht alles zu wissen. Ein Stück Naivität kann dir hier und da durchaus den Tag erhellen.

Ich habe auch nicht mehr solche Alltagsängste wie am Anfang meiner Behindi-Karriere. Diese Tage, an denen man morgens aufwacht und denkt: Oh Mann, heut' ist kein guter Tag! Warum auch immer, sie sind bei mir ziemlich rar. Wenn ich morgens trüb aufwache, dann denke ich mir, meine Güte, hab ich schlecht geschlafen. Vielleicht besser, wenn ich heut' allein bleibe. An solchen Tagen bin ich nicht kommunikativ, deswegen halte ich besser gleich den Mund. Die Lippen sind dann wie zugetackert und ich kriege kein vernünftiges Wort heraus. Meine Zunge fühlt sich so dick an, wie ein Wiener Schnitzel. Manchmal so dick, als wären noch Pommes und Mayo dabei.

Aber es gab nie, nie Tage – selbst damals nicht – es gab nie Tage, an denen ich aufwachte und dachte: heut' wird alles scheiße, und ich hab keinen Bock mehr auf das ganze Leben! Es gab für mich immer wieder Ziele, ein ICH WILL. Ich will einen tollen Rollstuhl haben oder ich will Auto fahren, ich will meine Freunde treffen, ich will nach Hause, ich will irgendwelche Video-Spiele spielen, ins Kino gehen oder ich will von meiner Mutter bekocht werden oder keine Ahnung was noch alles. Das waren viele, viele Dinge und Situationen, die ich mir ausdachte, die ich mir vorstellte und auf die ich mich immer wieder neu freuen konnte. Dadurch gab es nie einen Tag, an dem ich mich fühlte wie: »Nee, also das wird alles nichts mehr!« Ich wusste zu jeder Zeit, es liegt immer nur an mir, ob ein Tag etwas Schönes mit sich bringen wird.

Es war mir klar, dass ich für meinen Tag, für meine Woche und für meine Jahre ganz alleine verantwortlich bin. In erster Linie ich. Wenn ich morgens aufwache und Bock auf den Tag habe, dann wird er auch cool. Und wenn ich keinen habe, ist es trotzdem ein guter Tag. An solchen Tagen ist man dann eben zu Hause und ruht sich aus und sammelt Kraft für die nächste Aktion. Außerdem bedeutet nicht viel reden ja nicht, dass ich nicht wild und mit Elan meinen Gedanken folgen kann.

Gut, ich hatte vielleicht Angst vor Operationen oder vor den Schmerzen, die dann wieder kommen, aber ich hatte zum Beispiel keine Angst, dass ich am nächsten Tag nicht mehr aufwachen würde. Oder dass ich nicht mehr weiß, wie es weitergeht. Ich hab immer gewusst und gespürt, dass es weitergeht. Ich wusste zwar nicht genau, wie, aber ich wusste, dass. Es war eine tiefe Sicherheit in mir, und die würde ich an dieser Stelle nun doch auf ein Gottvertrauen zurückführen. Wenn es irgendwas gibt, an das du glaubst, dann gibt dir das deinen Rückhalt und dann kann dir eigentlich auch nicht mehr viel passieren.

Aber ich weiß gar nicht genau, ob ich bete. Ich habe manchmal schon für mich im Stillen gedacht, ich könnte es wirklich so nennen, mal so was wie ein Gebet loslassen. Manche nennen das auch Dialog. Na ja, ein Dialog ist vielleicht jetzt zu viel gesagt, ein Dialog würde ja bedeuten, dass ich etwas sage oder eine Frage stelle, und ich bekomme eine Antwort darauf, aber ich habe erst einmal keine Antwort bekommen. Die Antwort kam dann einfach aufgrund einer Handlung oder eines Ereignisses, und ich habe mir vorgestellt, dass das jetzt die Antwort auf meine Frage ist und wenn es sich für meinen Bauch auch gut angefühlt hat, dann war das so. Natürlich habe ich mir schon öfter mal gedacht, okay, lieber Gott, mach einfach, dass ich nach dieser OP nicht mehr so viel Morphium brauche, weil ich sonst so enden muss wie Christiane F. bei dem Film »Die Kinder vom Bahnhof Zoo« oder dass ich bald aus dieser Scheiß-Klinik herauskomme, weil das Essen nicht schmeckt und weil die Ärzte blöd sind oder dass dieses Scheiß-Reha-Zentrum mich bald entlässt, weil das einfach der pure Horror ist. Und einmal drüber schlafen, hat es dann oft auch schon gebracht. Am nächsten Morgen wachte ich wieder auf, war mit meiner alten Kraft ausgestattet und wenn ich mich gut fühlte, kam die Stärke auch schnell wieder zu mir zurück.

Großen Halt im Leben gab und gibt mir meine Familie. Mein bester Freund gibt mir Halt im Leben, aber vor allen Dingen gibt mir Halt im Leben, dass ich Vertrauen in mich selbst habe. Ich bin nicht leichtsinnig, aber es ist dennoch gut zu wissen, dass es nahe Menschen gibt. Sie müssen nicht viel machen. Es reicht dann, dass sie da sind. Dass ich weiß, dass sie mich in jeder Situation auffangen würden.

Wenn man vor so einer Kirche steht, selbst wenn sie verschlossen ist, kommt man wohl nicht umhin, auch darüber mal nachzudenken. Spezialitäten in der Raststätte hin oder her. Ich sprach nicht mit Gott, aber ein Gefühl für Gott war da. Ich war ihm dankbar. Für alles und ganz besonders dafür, dass ich nach dem Unfall weiterleben durfte. Dass meine Zeit im Himmel noch nicht gekommen war, die auf der Erde hingegen umso mehr.

DON'T GIVE UP
Motivation ist alles

Für viele behinderte Menschen wurde ich nach und nach ein Vorbild. Ich versteckte mich nicht und stellte mich den Herausforderungen, den Niederlagen und den Siegen. Der große Sportler, der wie eine Majestät im Rollstuhl sitzt.

Es kamen Menschen auf mich zu, die erst ganz frisch in ihrer Karre saßen und die nicht wussten, wie das Leben weitergeht.

»Kann ich jetzt noch poppen?« oder »Wie mache ich denn jetzt weiter?«

Durch die Zeit hatte ich an Kraft und Klarheit gewonnen. Auch zu einem gesunden Abstand zu meiner eigenen Geschichte. Ich war also so weit, dass ich von mir erzählen und auch über sehr intime Dinge sprechen konnte.

»Es geht noch viel!«, munterte ich andere auf, und den Männern sagte ich auch was. Nicht nur, was den Sex angeht. Sondern, dass sie auch weiter sportlich bleiben können. Für viele Menschen ist Sport so wichtig.

Meine Begeisterung war ansteckend.

»Was? Echt geil, Wasserski fahren, cool!«

Ich hatte einen Spinner im Kopf und rannte auf alles los, das neu und wild war. Hauptsache, es hatte noch kein anderer gemacht! Drachenfliegen, Raften, Bergtouren und so was. Tausend Sachen haben wir gemacht. Stefan immer mit dabei. Wir bauten uns Karts um und heizten damit durch die Gegend. Hauptsache, die Sache war ein bisschen heiß und provokant. Das habe ich immer gerne gemacht, etwas machen, was man von einem Behinderten nicht erwartet.

Deswegen auch mein neues Fahrrad-Projekt: Ich arbeite daran, mein Handbike mit einer Vollverkleidung auszustatten, um es noch schneller zu machen. Und so, wie es aussieht, klappt es. Ich bin gerne Pionier für etwas, das müssen nicht immer extreme Sachen sein. Jeder Leistungssportler, der in dieser Szene unterwegs ist, ist auch eine Leitfigur. Bei mir war das u. a. Andreas Pröve. Ein querschnittsgelähmter Journalist und Fotograf. Der hatte auf dem Landweg mit Rollstuhl und Handbike den Orient bereist. Andreas packte sich einfach das Gepäck auf seine Karre und fuhr los. Mit dem Fahrrad quer durch Indien, das Ganges-Tal entlang, von der Mündung bis zur Quelle. Er schrieb Bücher über seine Abenteuer und erzählt davon in Dia-Shows. So muss es sein! Genau so muss man es machen und will ich das Leben haben.

Leider gibt es noch nicht genug Menschen, die anderen vorleben, dass man auch mit Behinderung Spaß haben kann. So viel Spaß, dass man selbst gar nicht mehr merkt, dass man behindert ist. Dass man sogar einen Gewinn daraus ziehen kann. Für viele ist diese Überlegung regelrecht unerhört. Aber ich will zeigen, dass ich Kraft und Energie habe, und das aus lauter Lust am Leben.

Wenn ich nicht der Typ gewesen wäre, der ich bin, hätte ich das alles nicht überlebt. Vor allem nicht seelisch, ganz sicher nicht. Für mich ist es noch heute ein Geschenk, morgens ohne Schmerzen aufzuwachen und den Tag nach Lust und Laune zu gestalten. Wenn man das zu schätzen gelernt hat, dann regt man sich so schnell nicht mehr auf und schon gar nicht über Typen, die gerade mal mies gelaunt sind und ihrer Umgebung das Leben schwer machen.

Natürlich können Menschen, die Probleme haben und so etwas noch nicht erlebt haben, nur von sich ausgehen. Sie haben diese Erfahrung ja noch nicht gemacht. Deswegen kann man ihnen auch keinen Vorwurf machen. Aber vielleicht könnte man ihnen raten, hier und da ein bisschen mehr Biss zu haben, für eine Sache zu leben, insbesondere für ihr eigenes Leben, das sie in der Hand haben. Und vielleicht auch mal in andere Länder dieser Erde zu schauen, wo es Menschen nicht so gut geht wie uns.

Möglicherweise ist es auch eine Typ-Frage. Entweder du bist so ein Typ oder nicht. Das muss jeder selbst wissen. Aber ich glaube, auch wenn man keiner ist, dann kann man sich ändern. Das, was ich lebe, können viele leben. Vielleicht nicht in der Ausprägung, aber das ist ja auch gar nicht nötig.

Wir alle sind Vorbilder für irgendjemanden irgendwann. Jeder kann etwas geben und für andere etwas sein.

All das Schlimme, das ich erlebte, habe ich für mich verarbeitet. Und wenn es eine himmlische Kraft gibt, dann hat sie mich dabei mächtig unterstützt. Ich unterstütze diese Kraft im Gegenzug, indem ich zeige, dass ich lebe und am Leben teilnehme. Mein Leben macht anderen Menschen Mut.

Ich bekomme oft Rückmeldungen von Leuten, die mich auf der Straße sehen. »Ach Gott, wie ist denn das passiert?« stoßen sie aus und legen sich vor Schreck die Hände vor den Mund. Dann rede ich drei Sätze und sie kapieren mit einem Mal, Himmel, der Typ ist ja voll klar und der hat richtig Bock auf diese Welt. Oder Menschen kommen auf mich zu, weil sie einen Fernsehbericht gesehen haben, oder es stand über mich etwas in der Zeitung. Filme wirken am meisten, weil mich dort die Zuschauer live erleben können.

Wenn ich im Fernsehen aufgetreten bin, dann habe ich jedes Mal ein super Feedback bekommen. Erst von der Redaktion und danach in den Zuschriften der Zuschauer, die mir auf ganz unterschiedliche Weise davon schrieben, was Ihnen selbst im Leben so passiert ist.

»Sie strahlen so viel Lebensfreude aus!« lese ich immer wieder. Darüber freue ich mich sehr und darüber, dass ich anderen etwas von meiner Lebensfreude abgeben kann.

Die Menschen bekommen durch mich den Mut, nicht nur ihre Therapie zu beginnen, sondern sie auch durchzuhalten. Das ist der Lohn für meine Arbeit. Und das Schöne ist, dass ich sie supergerne mache.

WER WEISS SCHON,
WAS DER MORGEN BRINGT?
Winning Sitzmann

Nehmen wir einmal an, es hätte den Unfall nicht gegeben, hat mich Max gefragt. Ich fuhr bei ihm im Büro vorbei und wir konnten einen Moment Zeit miteinander verbringen. Draußen tanzten die Schneeflocken um den Mannheimer Wasserturm herum. Dieses Jahr ist der Winter ein richtiger Winter und wirklich lang. Die passende Stimmung für Gespräche, die man im Sommer nicht führt. Deswegen mag ich den Winter, auch wenn die vereisten Straßen einen im Haus halten. Das ist auch sehr schön. Mit Freunden sitzen, manchmal sogar am Kamin und darüber reden, wie man geworden ist, wie man ist und wie das Leben wohl verlaufen wäre, hätte es in einem bestimmten Moment keinen Regen, keine Raststätte und keinen Lastwagenfahrer gegeben.

Wie wäre ich wohl heute, wenn ich noch Beine hätte? Wenn nichts gewesen, nichts passiert wäre? Die Frage habe ich schon einmal gestellt bekommen. Gar nicht so leicht zu beantworten. Nicht nur ich, die meisten Menschen gewöhnen sich langsam an ein Handicap, aber mit der Zeit stellt sich die Sicherheit ein. Man lebt in dem Leben, das man geschenkt bekommen hat. Dann, nachdem man sich gewöhnt hat, wird man gefragt, wie wohl das Leben anders verlaufen wäre, hätte man Beine. Also, das ist etwa so, als würde ich Freunde fragen: »Hast du dir mal Gedanken darüber gemacht, wie dein Leben mit nur einem Arm wäre?« Darüber denkt man ja nicht eigenständig nach. Und ich auch nicht. Es sei denn, es kommen Fragen und deswegen bin ich mit Max auch gerne zusammen. Fragen lösen etwas aus.

Hm, ich will mal vorsichtig behaupten, dass mir mit Beinen etwas verloren gegangen wäre, etwas, das mir das Leben gerade deswegen gab, weil ich keine Beine hatte. Das mit Beinen vielleicht gar nicht möglich gewesen wäre.

Vom Typ her bin ich schon immer der gewesen, der ich bin. Und ich hätte mich mit Sicherheit auch weiterentwickelt, keine Frage. Aber es wäre ein komplett anderer Weg gewesen. Ob ich wohl mit Leistungssport begonnen hätte? Keine Ahnung!

Hätte ich etwas bewegt, wie ich jetzt etwas bewegen kann, eben weil ich keine Beine habe? Ich habe meine Aufgaben, meine Nischen für mich gefunden. Und ich habe Xavier kennen gelernt. Nicht nur ihn, ich habe sehr viele Menschen kennen gelernt, die heute meine Freunde sind. Die Gespräche mit Max gäbe es nicht, wenn ich Beine hätte. Zumindest nicht in dieser Art. Vielleicht hätten wir uns nie getroffen. Es gab einen Film über mich, über den wir ins Gespräch kamen. Max ist mein Fragen stellender Freund.

Weil ich keine Beine mehr habe, traf ich mit Menschen zusammen, die prominent und in den Medien vertreten sind. Dass sie prominent sind, ist nicht so wichtig, aber beeindruckende Menschen sind oft auch in einer gewissen Weise prominent. In ihre Nähe wäre ich nicht gerückt, wenn ich Beine gehabt hätte.

Wenn ich einfach der Florian Sitzmann gewesen wäre, der in Darmstadt lebt, der eine Schreinerlehre macht und der ein ganz netter Typ ist, der gerne mit Kumpels um die Ecken zieht und mit Mädels flirtet, ich wäre sicher auch mit Beinen sozial eingestellt gewesen. Dazu braucht es ja keinen Rollstuhl. Aber ich wäre damit wohl so nicht aufgefallen. Jetzt bin ich nicht nur ein Typ, sondern eine Marke. Ich bin der Sitzmann. Ich kann etwas vorweisen, denn ich lebe mit dem, vor dem so viele Menschen eine wahnsinnige Angst haben: mit einem Handicap.

Wäre der Unfall nicht passiert, wäre aus mir möglicherweise ein Basketball-Star geworden, die Größe dafür hatte ich ja. Vielleicht hätte ich auch aus einer anderen Idee heraus Energien entwickelt. Alles Hypothese, ich kann die Frage nicht wirklich beantworten.

Ich weiß nur, dass ich auf eine gewisse Art und Weise durch den Unfall — mit den Fähigkeiten und der Wirkung, die damit verbunden waren — im Grunde ein Geschenk bekommen habe. So blöd sich das jetzt anhört; aber der Unfall hat mich im Grunde zum Sinn meines Lebens geführt. Und der liegt darin, mit meiner Energie, Kraft, Ausstrahlung und auch mit der Natürlichkeit, wie ich mit meiner Behinderung umgehe, anderen Menschen zu helfen.

Es gibt viele Leute, die viel Geld dafür bezahlen, eine Marke zu werden. Da gibt es richtige Agenturen, die dich dabei begleiten und die dir sagen, wie du aufzutreten hast, dass es eine Botschaft braucht und Inhalte. Ich musste dafür niemanden engagieren, das kam von ganz allein. Ich brauchte keine Motivationsseminare, nach der Art: »Wie nehme ich mein Leben jetzt in die Hand?«

Und die Menschen, die mich kennen lernen, müssen dafür keinen Cent bezahlen, die verbringen einfach Zeit mit mir und wenn sie klar in der Birne sind, dann schneiden sie sich einfach eine Scheibe davon ab, ohne dass ich etwas sage oder eine Empfehlung ausspreche. Bei mir gibt es keine Flipcharts, auf denen ein »Herzlich Willkommen zum heutigen Seminar« steht. Die Menschen, die etwas brauchen, merken das von alleine und nehmen es sich einfach.

Ist das nicht toll? Und ist es nicht ein Wahnwitz, dass es Menschen gibt, die das toll finden und die mich vielleicht sogar dafür beneiden? Ja gut, ich habe keine Beine mehr, ich kann schlecht Treppen laufen und das Fußballspielen ist auch durch. Aber in gewisser Hinsicht bin ich fast dankbar dafür, dass das alles so passierte. Ich glaube, dass das mein Schicksal ist. Ich bin einfach dafür bestimmt gewesen.

Als ich nach dem Unfall wieder einigermaßen auf dem Damm war, habe ich dieses Schicksal vielleicht unterbewusst gespürt und auch für mich genutzt. Es hat mich gleich ganz und gar erfüllt. Ich glaube an das Leben und daran, dass man eine Verantwortung dafür trägt. Du hast es dir selbst nicht gegeben und solltest es dir selbst auch nicht nehmen. Deswegen lag es mir fern, auch nur eine Sekunde über so etwas wie Freitod nachzudenken. In meiner ehrenamtlichen Arbeit komme ich mit vielen verschiedenen Schicksalen in Berührung. Der Förderverein der Söhne Mannheim e. V. setzt sich u. a. auch sehr für ein Kinderhospiz in Mannheim ein. Wir machen Aktionen und sammeln Geld. Den Kindern soll es gut gehen, und wir erfüllen manchen Traum. In einigen Fällen auch den letzten. Ich kann mir vorstellen, dass es Menschen gibt, die ihrem Leben ein Ende setzen wollen. Jeder hat seine Geschichte und niemand hat das Recht, etwas dagegen zu sagen.

An meinen ersten Fernsehauftritt kann ich mich noch sehr gut erinnern. Stern-TV 1996. Wir hatten einen kleinen Trailer gedreht, Extremsport im Rollstuhl. Allerdings war meine Figur damals alles andere als sportlich. Mehr extrem. Ich wog zu dieser Zeit 95 Kilo und das ohne Beine. Ich hatte einen richtig dicken Hals, aber ich war kräftig und beweglich und konnte im Sport alles machen, was ich wollte. Das fand ich toll und spannend. Als Höhepunkt waren wir dann live beim Jauch eingeladen. Ich fuhr damals mit einem Freund hin, und es war total spannend, ich war mega aufgeregt, mein Herz schlug mir bis zum Hals, ich bekam kaum Luft beim Antworten. Mir schoss dauernd durch den Kopf: Das ist eine Live Sendung! Mich sehen jetzt Millionen von Menschen und wenn ich mich verplappere, dann kann man das nicht wegschneiden.

Ich hatte ein Wahnsinnslampenfieber. Erst einmal diese ganze Umgebung, die Kameras, das Publikum und dann natürlich auch die Inhalte und dass ich im Zentrum des Gesprächs stand. Kurzum: Ich schwitzte wie ein Schwein! Nicht allein wegen der Lampen und der Aufregung, sondern vor allem, weil ich tierisch viel Übergewicht hatte. Das habe ich damals aber noch gar nicht so wahrgenommen. Ich bekam auch an diesem Abend ein super Feedback, nicht vom Jauch, sondern

141

von Amelie Fried, die die Vertretung für Günther Jauch über-
nommen hatte. Der Aufenthalt in Köln war gigantisch. Na,
und diesen Auftritt habe ich mir dann später noch mal auf
Video angeschaut. Im Fernseher wirkt man ja rein optisch
noch mal dicker als man ist. Etwa 6 kg hat man mir später
gesagt. Ich sah mich also und bekam einen Riesen-Schock.
Hey, dachte ich, wer ist denn bitte dieses fette, glänzende
Schweinchen da? Soll das etwa ich sein? Das kann ja wohl
überhaupt gar nicht wahr sein! Das ist ja absolut ekelhaft!

Und dann meldete sich mein Ehrgeiz zurück, und vor allen
Dingen war auch meine Eitelkeit sofort wieder da.

Ich habe sofort angefangen, mein Essen abzuwiegen, habe
eine hardcore-Diät durchgezogen mit viel Bewegung, kein
Fast-Food mehr, nur noch gesunde Sachen, viel Mineralwas-
ser und so weiter. In meinem Kleiderschrank hing ein Plan,
in den ich jeden Tag mein Gewicht eintrug. Das hat mich
motiviert, denn ich habe dann innerhalb von zwei Jahren
fast 40 kg abgenommen.

DAS HAT DIE WELT NOCH NICHT GESEHEN!
Die Sitzmann-Mission

Ich bin Gast in einer Talk-Show in Baden-Baden. Während die Landschaft an mir vorbeirauscht, flitzen mir wie immer auch Gedanken durch den Kopf. Weil die Musik zu mir, meinem Leben und der Stimmung passt, höre ich Xavier.

»Das hat die Welt noch nicht gesehen« war früher der Werbe-Slogan, mit dem die Marktschreier auf Jahrmärkten ihre Skurrilitäten anpriesen: Vielleicht eine Frau mit dem Kopf unterm Arm? Oder einen Mann mit zwei Köpfen gefällig? Vor diesem Hintergrund hat Xavier seinen Song bestimmt noch nicht betrachtet. Die Schaulustigen bekam man damit sofort, und die Spanner wurden nervös. Wo gibt's etwas Verbotenes zu sehen?

Und heute? Da geht es bei so mancher Talk-Show zu wie auf dem Jahrmarkt. Behinderung zieht immer noch. Auch in der Glotze bzw. davor. Die Zuschauer wollen wissen: Wie ist das ohne Beine, wie bewegt man sich ohne Beine, wie treibt man's ohne Beine? Das ist spannend, und ich kann das Interesse daran verstehen. Mich würde das auch interessieren, wenn ich es nicht selbst tagtäglich leben würde. Allein die bemühte Vorstellung, wie das gehen könnte, was im eigenen Kopf nicht gehen kann. Wie passen Lebensfreude und Rollstuhl zusammen? Ich schaue mir auf jeden Fall genau an, in welche Sendung ich gehe, wie die Moderatoren sind und wie

143

der Geist der Sendung ist. Für mich ist es wichtig, etwas zu bewegen und dafür muss man in den richtigen Sendungen auftreten.

Damals bei dem Rennen in Norwegen hat mich Thomas Niemitz mit seinem Kamera-Team begleitet. Es ist ein total einfühlsamer Film daraus entstanden, den man im Internet noch finden kann. Ganz respektvolle Bilder, die viel von mir zeigen, die mich aber nicht vorführen. Für mich ist das ein großer Unterschied.

Ich muss mich selbst im Rückspiegel angrinsen. Die Autobahn ist frei, und die Sonne scheint. Nachher fahre ich wieder an dieser gnadenlos beeindruckenden Raststätte vorbei, daneben die Kirche. Mr. Gott, heute kann ich nicht halten und an deine Türe klopfen. Ich bin auf dem Weg ins Fährnseen. Aber sicher sitzt Mr. Gott neben mir. Als mein Manager, der dafür sorgt, dass man mir nur die Fragen stellt, deren Antworten andere Menschen weiterbringen. Und mich natürlich auch. Man lernt nie aus.

Die Fragen, die in Interviews gestellt werden, sind sich immer ein wenig ähnlich. Ich werde zum Beispiel nie gefragt, wie ich Beruf und Vatersein zusammenbringe. Oder wie meine Work-Life-Balance aussieht. Oder welche Gedanken ich mir über Karriere und Zukunftsperspektiven mache. Die Fragen, die mir gestellt werden, beginnen mit WIE.

WIE haben Sie es geschafft, nicht zu zerbrechen?
WIE haben Sie sich in Ihrem neuen Leben zurechtgefunden?

WIE können andere behinderte Menschen lernen, ihre Zuversicht zu behalten?
WIE bleibt man Teil der Gesellschaft, Teil des Lebens?
WIE war das am Anfang im Krankenhaus?

Ich weiß, es werden auch heute wieder Fragen dieser Art kommen, denn das Thema dieser Sendung ist Lebenshilfe. Meine Aufgabe ist es, aus meinem Leben zu erzählen aber auch Forderungen zu stellen, was man für »meine Randgruppe« verbessern könnte.

Was hätte ich mir als Behinderter eigentlich gewünscht? Im Krankenhaus und in der Zeit danach? Glasklar und auf Knopfdruck: jemanden oder mehrere Menschen, die mich auffangen und mir zeigen, dass ich und was ich mit meiner neu gewonnen Immobilität alles anfangen kann. Ich weiß gar nicht, warum das nicht wirklich gelingt. Es kann doch nicht so schwer sein, sich in einen Menschen hineinzufühlen, der gerade seine Beine verloren hat und dann zu wissen, dass der jetzt etwas braucht: ein Ziel, eine Perspektive. Ärzte und Krankenschwestern können das allein nicht leisten. Was ich mir für mich gewünscht hätte und für andere wünsche, ist vernetztes Denken, auch im Krankenhaus. So etwas wie ein integriertes Rehazentrum in der Klinik. Ich glaube, ähnliche Ansätze hat auch Professor Grönemeyer schon beschrieben. Es liegt ja auch auf der Hand. Fachpersonal, das sich um diese Patienten kümmert und sie nicht mit ihren Traumata, Ängsten und fehlenden Visionen in den Betten verrotten lässt. Und wenn es um die Zukunft und um bessere Aussichten geht, dann genügt es nicht, die Patienten mit dem Rollstuhl in die Eingangshalle zu schieben.

Menschen, die gerade einen schweren Unfall hatten, brauchen jemand, der sich ihrer annimmt. Über die Familie hinaus, denn viele Familienmitglieder sind ja durch den Unfall »mitbehindert«. Auch wenn sie nicht dabei waren.

Kürzlich habe ich die Geschichte einer Frau gehört, deren Mann beim Klettern vom Fels fiel. Sie fühlte sich schuldig, weil er angeblich nicht richtig an ihr befestigt war. Die Frau war Führungskraft in einem Unternehmen und hat mit dem Sturz ihres Mannes sofort ihre Laufbahn gestoppt. Ihr Mann lag im Koma, und es war klar, er kommt im Rollstuhl heim. Sie hat sofort ihr Leben hinter seines angestellt. Ab jetzt ging es nur noch darum, wie ihr Mann wieder »auf die Beine« kommt, wie all das Neue zu bewältigen ist, wie die Kinder das verkraften und ganz am Ende der Fahnenstange, da sah man noch ein Zipfelchen von ihr. Daran sieht man: nicht nur die Kranken sind betroffen. Es ist das ganze Umfeld, das sich neu organisieren muss.

Mein Vater und meine Mutter waren wochenlang bei mir im Krankenhaus. Mein Vater ist selbstständig und konnte sich das deswegen einrichten. Leisten konnte er es sich nicht. Meine Mutter, die angestellt war, nahm sofort Urlaub. Meine Eltern waren da und stellten ihr Leben hinten an. Genauso wie diese Frau.

Sie ist mitbehindert, und es wird ihr mit jedem Tag besser gehen, an dem ihr Mann gesundet und zu Kräften kommt. Aber dafür braucht er Hilfe und sie auch. Seine Frau kann das allein nicht leisten. Die kennt sich weder mit Rehamaßnahmen noch Umschulungen, ja nicht einmal mit Rollstüh-

146

len aus. Niemand kennt sich damit aus, der nicht davon betroffen ist!

Die Welt der behinderten Menschen ist eine Welt in unserer Welt. Keine Parallelwelt, aber eine andere eigene Welt, mit eigenen Gesetzen, Begrifflichkeiten, Beschreibungen, Vergleichen, Bedingungen, Zukunftschancen und Hürden. Fußgänger waren für mich früher Menschen, die zu Fuß unterwegs waren. Heute sind es Menschen, die sich auf den Füßen fortbewegen. Es gibt aber noch andere Fortbewegungsmöglichkeiten. Du kannst robben, auf Händen gehen und wenn du fett genug bist, dann kannst du sogar durch die Gegend kugeln.

Als ich meine Beine verloren hatte, da wünschte ich mir, dass mich jemand in dieser Hinsicht an die Hand nimmt. Emotional war ich gut versorgt, aber was die ganzen technischen und organisatorischen Sachen betrifft, war es eher mau.

Es gab zwar auch damals schon so eine Art Patienten-Entlassungs-Vorsorge-Konzept, aber das bedeutete nichts anderes, als dass man Menschen in meiner Situation einen Zettel in die Hand drückte, auf dem der Weg zur nächsten Station des Reha-Parcours beschrieben war.

Wie beim Kreuzweg: Heilige Mutter Gottes, bitte für uns Behinderte. Oder wie beim Monopoly: Gehe-zur-Schlossallee-gehe-nicht-über-LOS. Dort wirst du mit einem Rollstuhl versorgt. Kaufe einen Badewannen-Lift und nimm den Umweg über den Toiletten Aufsatz. Danach erneut würfeln oder eine Ereigniskarte ziehen!

Versorgung bedeutet mehr als ein Faltblatt und zweifelhafte Erklärungsversuche. Man erinnere sich nur an die rollende Parkbank, die mein erster Rollstuhl war. Wenn ich einsam gewesen wäre, hätte ich mir jemanden zu einer kleinen Spritztour einladen können. Aber ich war nicht einsam. Ich hatte genug mit mir zu tun, und ich wollte mein neues Leben mit Material beginnen, das auf mich zugeschnitten ist. Und zwar genau auf mich. Ich habe mir in meiner Zeit als Fußgänger ja auch keine Schuhe gekauft, die so groß wie Badewannen sind. Nur weil in Badewannen-Schuhe jeder mit den Füßen reinkommt.

Die meisten Kliniken haben Kooperationspartner. Da man selbst nichts weiß, ist es gut, dass man erfährt, wo man was bekommt und wer für was zuständig ist. Es ist wichtig, jemanden zu finden, auf den man sich verlassen und dem man vertrauen kann. Man braucht einen Ansprechpartner. Jemand, der sich gut auskennt, weil man ja selbst im Nebel steht. Auf einmal geht es zu wie beim Autohändler. Du brauchst einen Rollstuhl und musst beginnen zu verhandeln, obwohl du sinnbildlich noch keinen Führerschein hast.

Hier ein Rollstuhl für 3000 Euro, und ein anderer Händler hat einen, der günstiger ist, aber dafür andere Räder hat. Sind die Räder nun besser oder schlechter? Keine Ahnung, ich dachte immer, es müssen einfach Räder dran sein. Mit der Zeit lernt man aber die Unterschiede immer besser kennen. Ein Rollstuhl kann so sexy wie ein Auto sein. Aber vielleicht ist das auch nur bei mir so, weil ich so scharf auf fahrbare Untersätze bin. Ohne den Unfall hätte ich mir nie im Leben meine Autos leisten können.

»Hat dich der Unfall reich gemacht?«, hat mich mal einer ganz direkt gefragt und ich habe gemerkt, wie ich da zuckte. »Ja, reich an Erfahrung«, habe ich ganz fix gekontert, aber auch gespürt, dass die unbedachte Verwendung von Schmerzensgeld ein Tabuthema in unserer Gesellschaft ist.

Schmerzensgeld darf keinen Spaß machen. Aber meine Autos machen Spaß, und die habe ich mir – neben anderen Dingen – definitiv von meinem Schmerzensgeld geleistet. Meine Autos waren meine Therapie. Ohne die Sucht danach, in einer Karre zu sitzen, hätte ich vielleicht wirklich nicht überlebt. Das Schmerzensgeld habe ich zum Teil auch für Blödsinn ausgegeben. Das muss so sein. Mir war ja etwas abhanden gekommen. Fußgänger haben Beine, mit denen sie herumhüpfen und -springen können. Ich konnte mich zu Beginn ja gar nicht bewegen, also sind die Münzen und Scheine für mich gesprungen. Und zur Beruhigung aller besorgten Gemüter: Und ein Teil des Geldes hat sich auch vermehrt, weil die paar springenden Münzen, die ich verschwendete, mein Konto nicht plattgemacht haben und noch genügend übrig geblieben ist, um es gut anzulegen.

Mein Lebensradius war in den ersten Monaten begrenzt. Reduziert. That's part of the game. Und meine Seele hungerte nach Abwechslung, Spaß und Lebensfreude. Dass dazu die Psycho-Tante im Krankenhaus nicht wesentlich beigetragen hatte, ist ja bereits gesagt. Diese Katastrophe auf zwei Beinen!

Aber die Sicherheit, dass ich es schaffe, weil meine Familie mitmacht und Stefan und die Vorstellung, dass es da so zwei, drei Mädels geben könnte, die später neben mir im Auto sitzen, das war schon gut. Das hat mich mit Sicherheit auch gerettet. Auch Männer ohne Beine lieben Musik, Autos und schöne Frauen. Also: Das Schmerzensgeld hat mir auch geholfen, meine Fröhlichkeit zu bewahren. Und noch ein bisschen mehr.

Wie man wieder in die Unbeschwertheit zurückfindet, ist auch ein Thema in den meisten Talkshows, bei Selbsthilfegruppen, oder Veranstaltungen, zu denen viele behinderte Menschen kommen. Ich werde immer mal wieder angesprochen, ob ich meinen Senf dazu geben kann oder als »Mutmacher« auftreten möchte.

Wenn ich das irgendwie einrichten kann, dann mache ich das natürlich gerne. Das ist überhaupt kein Thema. Es haben ja nicht alle, die ein Unglück erleben, eine so tolle Familie oder einen Superkumpel hinter sich wie ich. Die müssen sich auf den Weg machen und sich Motivation holen.

Ich kann mich ganz gut mit Menschen unterhalten. Aber ich wäre auf gar keinen Fall ein guter Sozialarbeiter oder Streetworker geworden. Dazu fehlt mir definitiv die Geduld. Ich kann punktuell hingehen und sagen »Pass mal auf: Ich habe die Scheiße erlebt, du erlebst gerade die Scheiße. Jetzt guckst du mich mal an. Ich habe es geschafft, und vielleicht kann ich dir hier und da mal Hilfestellung geben – aber durchziehen musst du's selber!« Also eher so hau-ruck-mäßig, das ist mein Ding. Das strahle ich aus. Ich habe leider nicht die Geduld, mich kontinuierlich und lange mit jemandem zu beschäftigen. Man kann nicht alles haben. Ich schaffe es auch nicht, Menschen über Jahre aufzubauen und sie dahin zu begleiten, wohin sie möchten; zumindest nicht bewusst. Aber ich bin ein guter Wegbereiter. Ich stoße gerne Dinge an, deswegen werde ich immer wieder gerne zu Veranstaltungen oder Sendungen eingeladen.

Ich selbst war nie in einer Selbsthilfegruppe. Obwohl das für viele Menschen sicher hilfreich ist. Man trifft dort Gleichgesinnte und tauscht sich aus. Man sitzt zusammen, man bemitleidet sich gegenseitig und kriegt dadurch vielleicht den Arsch gemeinsam leichter hoch. Ich kann mir das gut vorstellen. Für mich ist das nichts!

Das kann ich vor laufender Kamera im Bedarfsfall auch freundlich sagen. »Freundlich« ist wichtig. Wenn du als behinderter Mensch in einer Sendung unfreundlich bist, dann heißt es gleich: »Na ja, mit der Behinderung isses klar, dass der eine Persönlichkeitsstörung hat. Das geht ja gar nicht anders.« Oh je.

WIE ist es passiert und: »Herr Sitzmann, WIE ging es denn bei Ihnen beruflich weiter?« Also, bei mir war das so: Ich konnte ja meinen Wunsch-Beruf als Schreiner nicht mehr erlernen. Aber meine Familie konnte mir da entscheidende Impulse geben. Die Schlüsselszene hat allerdings im Arbeitsamt stattgefunden. Die Geschichte möchte ich gerne erzählen. Die Erfahrung war echt überirdisch.

Ich musste mich ja dort melden und sollte einen Test machen, einen Eignungstest oder dergleichen. Zu dem Zeitpunkt stand für mich schon fest: Ich werde Bauzeichner!

Also ging ich zu dem Test mit einer großen inneren Sicherheit. Aber: pardauz, die Ergebnisse erzählten komplett eine andere Geschichte. Der Berater erklärte mir, dass ich dafür nicht geeignet sei, da ich weder zeichnen noch räumlich denken könne. Der Test hätte dies bewiesen, und so ein Test hat immer Recht.

Schlaue Menschen mit Beinen und Armen haben den nämlich gemeinsam ausgetüftelt. Natürlich weiß so ein Test nicht nur das, was man nicht kann, sondern auch das, was man kann. Bei mir lautete das Resultat »Herr Sitzmann, Sie können einen Bürojob machen. Dafür sind Sie gut geeignet.« Man muss da nämlich sitzen, könnte man dazu noch anfügen. Was genau, keine Ahnung. Hauptsache Bürojob und da fast alles.

Das war für mich so ähnlich wie noch einmal Beine ab. Nach dem Test fühlte ich mich total beschissen. Ich dachte mir, ihr habt ja wohl einen Schuss! Ihr denkt wohl, ihr könnt mich einfach so abspeisen? Mit dem Bürojob losschicken und dann kann ich mal sehen, wie ich die nächsten 40-50 Jahre in einem Beruf versauere, der nicht zu mir passt und mich dazu noch unglücklich macht. Für die Behinderten-Quote in irgendeinem Scheißbüro bin ich mir echt zu schade!

Ich stellte mir vor, wie ein anderer Mensch mit Handicap damit umgehen würde. Einer, der schwach ist und sich selbst vielleicht noch nicht gefunden hat, der sich das zu Herzen nimmt, der denen glaubt und der sich nun überlegen kann, was er mit dieser Art von Beratung macht. Besser sich gleich von der Brücke in den Fluss stürzen? Oder erst einmal versuchen zu schwimmen? Nicht, weil er nicht anders möchte, sondern weil das Testergebnis nichts anderes hervorbrachte, als dass er nichts ist, nichts kann und infolgedessen nichts mehr geht. Absolut demotivierend!

Der Mensch auf dem Amt vermittelte mir überhaupt keine Idee oder Überlegung über den Test hinaus. Von Über-den-Tellerrand-Schauen hatten die noch nie etwas gehört. Ich glaube, dieser Berater wusste nicht einmal, dass es so etwas wie einen Tellerrand gibt.

Bürojob ist ja nicht gleich Bürojob, und mit nicht mal 20 Jahren hätten mir da ein paar Beispiele, was es da so an Möglichkeiten gibt, ganz gutgetan. Rehability war später für mich genau das Richtige. Das ist die Firma, bei der ich von 1996 bis 2004 arbeitete. Aktivrollstühle, Handbikes, alles was man zur Blasenentleerung und für seinen Alltag so brauchen kann. Einfach ein toller Laden.

Auch ein Bürojob, aber ich hatte es auch mit Kunden und Lieferanten zu tun und mit einem Chef, der vorbildlich in meinem Leben war und es auch auf anderer Ebene noch ist. Vorbildlich deswegen, weil er selbst durch einen Unfall behindert und in den Rollstuhl katapultiert worden war, die Ärmel hochgekrempelt hatte und nun sein berufliches Leben in jeder Hinsicht wieder meisterte. Wach, modern, aufgeschlossen und mit Empathie. Ich konnte von Michael eine ganze Menge lernen und tue das auch noch heute.

Früher konnte ich verbal richtig abledern, wenn ich an diese ganzen Missstände auch nur dachte. Den ersten Rollstuhl, die Psychotante, den Test. Mein oberster Knopf saß sehr locker. Der Kragen ist mir immer sehr schnell geplatzt. Wenn man weiß, dass eigentlich alles wirklich leichter und besser gehen könnte, dann kann man angesichts mancher Situationen schon ein wenig zum HB-Männchen werden.

Heute kann ich alles mit mehr Bedacht und Ruhe erzählen. Wenn ich nicht gerade mit einem Freund im Auto sitze. Dann schimpfe ich schon gerne mal ein wenig los. Aber ansonsten sehe ich diese Dinge viel gelassener. Ich weiß, dass es Zuschauern und Betroffenen nichts bringt, wenn ich vor laufender Kamera loswettere. Menschen in einer Krisensituation und auch andere wollen an die Hand genommen werden. Von Ärzten, Beratern und letztendlich auch von mir.

Und schließlich glaube ich, dass ich in den letzten Monaten auch dank meiner Wohnsituation etwas ruhiger geworden bin. Ich habe mich von meiner Frau getrennt und bin in die Zweitwohnung meines Vaters gezogen. Die ist natürlich nicht so wie meine alte Wohnung mit allem Schnickschnack, der das Behinderten-Leben einfacher macht, ausgestattet. Die Tatsache, dass ich nicht so kann, wie ich will, hat mich runtergebracht. Ich habe festgestellt, dass es manchmal besser ist, die Füße stillzuhalten und nicht gleich los zu schießen, wenn man den Impuls dazu hat. Das gilt auch für Gespräche. Ich muss nicht sofort auf jede Frage antworten. Das hat mir wirklich meine Wohnungssituation beigebracht und ich muss ihr DANKE sagen.

Im Moment lebe ich nicht »artgerecht«. Habe keinen gescheiten Parkplatz, keine Garage (was bei Schnee und Regen wirklich lästig ist), keinen Lift, kein umgebautes Bad. Ich kann nicht gleich losrennen, und diese Verzögerung habe ich auf mein Leben übertragen: die Dinge sich erst einmal ein bisschen setzen lassen und darüber nachdenken. So sehe ich das heute. Ich glaube, das ist eine ganz gute Strategie, auch für meine Zukunft.

Ich lebe gebremst. Es ist nicht meine Entscheidung, sondern meine derzeitige Herausforderung. Meine Wohnung lässt es nicht zu, und mein Körper brauchte vielleicht auch ein wenig mehr Ruhe. Dieses Ausgebremstsein ist nicht nur schlecht, sondern bei genauerem Hinsehen für einen positiven Menschen wie mich auch ein Gewinn. Ein Teil des Gewinns ist, dass ich viel mehr zur Ruhe komme. Die Räumlichkeiten lassen Bewegung nicht wirklich zu. Die Stufen zu meiner Wohnung muss ich auf Händen gehen. Mit dieser Einschränkung überlegst du dir jeden Weg nach draußen doppelt gut.

Ich kann jetzt auch mal ein Buch lesen oder kann mich in Ruhe um meine Website kümmern oder was auch immer. Das ist auf jeden Fall ein Gewinn, obwohl die Situation sehr schwierig ist und ich sie kein zweites Mal erleben möchte. Aber mir fällt auch der Spruch ein: Wenn du mal was anderes erleben willst, dann musst du auch mal was anderes machen. Dann musst du mal deinen ganz normalen Tag einfach umkrempeln. Sonst bleibt alles immer gleich.

Es gibt natürlich kurzfristige Ziele. Ich werde mir zum Beispiel eine neue Wohnung suchen und die dann »artgerecht« einrichten. Dazu habe ich richtig Lust. Ich stelle mir heute schon vor, wie alles besser sein wird. Ich sehe die Sonne hinter den dunklen Wolken. Eine bessere Strategie gibt es in miesen Situationen nicht. Ich mache das Glas Wasser nicht nur halb voll, sondern trinke es direkt aus und bestelle das nächste.

O.K., angekommen. Da ist der SWR. Ist ja ganz schön groß hier, um nicht zu sagen riesig. Wie, kein Empfangskomitee da? Keine Mädchen, die Blumen streuen. Aber mal Spaß beiseite, das wird schon gut. Wo ist denn hier der Behindertenparkplatz? Nicht zu finden. Ich klingele an der Schranke und soll mich auf den Parkplatz für die Frauen vom Spätdienst stellen. Zwei Plätze sind dafür vorgesehen. Und was ist, wenn nun eine kommt, die Spätdienst hat? Ich merke, dass nun doch ein wenig die Gedanken flattern. Lampenfieber könnte man das nennen. Herr Sitzmann, kommen Sie runter und sortieren Sie Ihre Gedanken.

Woher kamen Sie und WIE sind Sie?

Also:

Ein typischer Sitzmann ist dickköpfig und stur.

Er lässt sich nur sehr schwer vom Weg abbringen.

Ein Sitzmann ist kommunikativ.

Wissensdurstig.

Und vor allen Dingen von der Tatsache getrieben, dass ihm als echtem Sitzmann schnell langweilig werden kann.

In der Vergangenheit ist es auch so gewesen, dass der Sitzmann auch schnell Langeweile an einer Partnerin hatte und dass er gerne mal die Frau gewechselt hat, um möglichst viele Facetten der verschiedenen Lebenseinstellungen und Körperstellungen mitzubekommen.

Der Sitzmann ist auch reiselustig. Das hängt auch damit zusammen, dass Sitzmänner gerne landschaftliche Abwechslung haben.

Der Sitzmann ist gerne zu Hause und bewegt sich gerne in seiner gewohnten Umgebung.

Als Freund und Partner ist der Sitzmann treu.

Er liebt seine Tochter Emely und nach ihr kommt erst mal wieder er.

Danach kommt seine Familie, Stefan und die Mutter seiner Tochter, Eveline. Eveline schätzt er auch immer noch sehr. Immerhin sind sie fünf Jahre gemeinsam durch die Lande gezogen und hatten auch viele gute Zeiten miteinander.

Und danach kommen viele andere liebe Menschen.

Und jetzt kommt der Talk und davor die schönen Momente in der Maske. Ich liebe Maskenbildnerinnen und lasse mich gerne von Ihnen schön machen! Die Zeiten meinen es gut mit dem Sitzmann! Das hat die Welt noch nicht gesehen ..., und er ist dankbar.

WAS WIR ALLEINE NICHT SCHAFFEN
Die Kraft der Familie

Meine Familie ist mein Rückhalt, meine Kraft. Ohne sie wäre ich in der ersten schlimmen Zeit verloren gewesen. Obwohl meine Eltern damals schon geschieden waren, standen sie mir gemeinsam zur Seite. Sie sind mir darin ein Vorbild, dass man immer Eltern bleibt, auch wenn die Zeit als Paar vergangen ist. Mein Vater schlief bei mir im Krankenzimmer und ließ seine eigene Arbeit ruhen und meine Mutter war ständig und fühlbar in meiner Nähe. Meine Brüder heiterten mich auf und meine Großeltern erzählten mir ihre Lebensgeschichten. Es kommt mir so vor, als hätte damals meine Familie ihre ganze Energie konzentriert und gesammelt, um mich in meiner kraftlosen Zeit damit zu nähren. Und Zeiten, die hilflos, verzweifelt und ohne Kraft waren, die gab es weiß Gott.

Aber auch als noch gar nicht klar war, ob ich überlebe, habe ich keinen Moment an den Tod gedacht. Ich hörte die Stimme meiner Seele und die rief: »Ja, ich will! Ja, ich will! Ja, ich will weitermachen!« Es war wie eine Endlosschleife. Auf gar keinen Fall wollte ich einschlafen und nicht mehr aufwachen. Alles in mir wehrte sich dagegen, und ich versprach mir selbst, auf mich aufzupassen, dass der Tod sich nicht einfach in mein Krankenzimmer schleicht. Um ein Gegengewicht gegen diese Lebensgefahr zu setzen, habe ich mich permanent mit der Zukunft und meinen Zielen beschäftigt.

Ich erzählte meinen Eltern davon, den Krankenschwestern, machte mit Steps die nächsten Pläne und ließ mich von meinen Großeltern verwöhnen. Ich habe mich mit dem Tod einfach nicht beschäftigt. Tat so, als sei der Tod nicht mein Thema! Ich war fest entschlossen, da weiterzumachen, wo ich vor dem Unfall aufgehört hatte.

Obwohl ich auf der Intensivstation lag und jeden Tag Menschen sterben und mit dem Tod ringen sah. Viele davon waren schon älter. Man sagt, es gibt eine Zeit im Leben, da freut man sich sogar, dass es bald vorbei ist. Viele der eigenen Familie leben nicht mehr, Freunde sind bereits gestorben. Ich war damals aber jung und wollte leben. Und das will ich immer noch. Bis heute.

Wenn ich irgendwann sterbe, dann am liebsten so, wie mein Opa Helmut gestorben ist. Der hat sich nicht auf den Tod gefreut, sondern bis zum Schluss gelebt und jeden Tag dabei genossen. Mein Opa hatte einen grandiosen Abgang. Vor zwei Jahren starb er voller Würde und im Alter von 92 Jahren. Genau im richtigen Alter. Mittags saugte er noch die Wohnung, staubte ein wenig ab, machte etwas Hausarbeit und dann, am Nachmittag, nachdem er Omi den Kaffee serviert hatte, wurde ihm ein wenig schwindelig. Er legte sich hin, um sich ein wenig auszuruhen, schlief ein und starb. Für mich die feinste Art zu sterben, die es gibt. Fit bis zum Schluss, dann vielleicht ein wenig schwindelig und müde. Fertig.

Ich habe meinen Opi sehr geschätzt. Geliebt und verehrt. Er war mein Vorbild in vielerlei Hinsicht. Wenn ich jetzt zurückblicke, dann entdecke ich viele Ähnlichkeiten und auch das ist eine besondere Kraft, die einem die Familie geben kann. Mein Großvater lebt in mir weiter, wie ich vielleicht in meinen Enkeln weiterleben werde. Wer weiß, vielleicht schreibt irgendwann eine oder einer mal ein Buch und erzählt darin von seinem Großvater, der sich mit dem Rollstuhl die Welt eroberte und das Leben pur genoss. Das wäre sehr schön, wenn sich meine Enkel noch an mich erinnern könnten, so wie ich an meinen Großvater denke.

Opi war bis zum Schluss kerngesund und lebensfroh. Er hat überhaupt keinen Zirkus um das Leben gemacht, sondern einfach gelebt. Nur eine leichte Zuckertablette, ansonsten brauchte der Mann nichts. Trotz vieler Krisen und unruhiger Zeiten, die er erleben musste, hat er immer zuversichtlich nach vorne geschaut, gelächelt, laut gelacht und uns allen Wärme und ein tiefes Empfinden für das Geschenk des Lebens gegeben. Und er liebte Technik! Das war unsere ganz große Gemeinsamkeit.

Wenn ich heute an ihn denke, selbst erwachsen, dann finde ich, dass mein Großvater ein echt smarter Typ war. So souverän und ein wirklicher Gentleman der alten Schule! Das hat mich schon als Junge sehr beeindruckt: Mann sein hieß wie Opa werden. Ein Klassiker! Viele Männer, die ich um mich herum sah, waren schnell und oberflächlich, mein Opa war ein feiner Herr. Er pflegte den Umgang mit anderen, hatte Anstand, Respekt und wusste sich absolut zu benehmen. Wenn er mit anderen Menschen zusammen war, dann sah er nicht nur sich, sondern dachte immer einen Schritt voraus. Frauen wurden von ihm hofiert. In erster Linie war das natürlich meine Großmutter Lilo. Natürlich hielt er ihr bis zum Schluss die Tür auf, wenn sie gemeinsam das Haus verließen. Man hat ihnen die vielen gemeinsamen Jahren gar nicht angemerkt, denn sie waren sich gegenseitig bis zuletzt etwas sehr Besonderes und ein Geschenk.

Mein Vater ist auch ein Vorbild für mich, ein grandioser Mensch – aber bei meinem Opa, da greift mein Gefühl noch tiefer. Das spricht eine ganze andere Gefühlsebene an. Vielleicht weil er mit einer anderen, vergangenen Zeit verbunden ist. Irgendwie verkörpert mein Großvater eine andere Welt. Mein Vater gehört für mich ins Hier und Jetzt.

Ich bin auch ein Freund der alten Schule. Ich mag diesen Umgang. Mein Großvater war gleichzeitig jemand, der das Leben richtig genießen konnte. Er war überhaupt nicht gestelzt, sondern ganz authentisch. Opa hat gern sein Weinchen getrunken oder einen schönen Cognac. Er hat auch gerne einmal dicke Zigarren geraucht, gerade so, wie es ihm in den Sinn kam. Aber immer, immer mit Genuss.

Opas große Liebe waren Dampflokomotiven. Er war viele Jahre Direktor von »Dampflokomotiven-Ausbesserungswerken« in verschiedenen Städten. Züge, Bahnhöfe, überhaupt alles, was mit Eisenbahn zu tun hatte, waren sein großes Ding. Auch als er längst in Rente war. Lustigerweise, das kommt mir gerade, waren meine beiden Großväter bei der Bahn. Mein anderer Opa, der war aber auf der Vorstandsebene und hat weniger geschraubt oder Dampfloks als Gesamtkunstwerk betrachtet.

Bei Großeltern und Enkeln ist es ja so, dass die Verbindung erst einmal so eine Art Einbahnstraße ist. Die Großeltern sind naturgemäß wesentlich älter, sie kümmern sich um die Enkel, nehmen sie mit in den Zoo, sind entspannt, gelassen, kaufen Eis und Süßigkeiten, die man dann vor den Eltern versteckt. Sie verwöhnen. Aber irgendwann kommt die Zeit, da sollten Enkel auch die Großeltern verwöhnen. Das kommt nicht so oft vor, ich weiß. Aber ich glaube so oft ist es auch gar nicht nötig. Dann und wann ist es aber einfach angesagt. Es tut den Großeltern gut, wenn sie merken, dass man gerne mit ihnen Zeit verbringt. Ohne dass man es ausspricht, ist dann klar, dass die gemeinsame Zeit begrenzt ist und damit so kostbar.

Ungefähr drei oder vier Monate, bevor mein Opa starb, da kam mir in den Sinn, dass er immer mal mit mir im Super Seven mitfahren wollte. Er fand dieses Auto total stark und sagte öfter: »Wenn du mal Zeit hast, dann hol mich ab mit deinem Schlitten.« Mir erging es wie vielen anderen auch. Ich hatte es im Sinn und dann gab es doch immer wieder irgendwas anderes, was gerade wichtiger war. Aber ich habe es nicht vergessen und es war mir auch klar, dass man so eine Fahrt nicht bis in die Ewigkeit verschieben kann. Der Zeitstrahl ist begrenzt. Kein Mensch weiß, wie lange er überhaupt ist. Das gilt für alle Menschen, jung und alt.

Dann hatte ich Urlaub, war wohlauf und unverplant und so rief ich bei meinen Großeltern an: »Wie sieht es aus?«, fragte ich Opa. »Machen wir eine schöne Tour?«

Opa war sofort begeistert, und wir verabredeten uns für den nächsten Tag. Als ich am nächsten Morgen aufwachte, war der Himmel wolkenlos und blau. Ein wirklich goldener Oktobertag und so warm, dass wir bedenkenlos mit offenem Verdeck fahren konnten. Ich beeilte mich, damit wir wirklich einen ganzen Tag Zeit füreinander hatten. Keine Mails checken, nicht noch einmal telefonieren, sondern duschen, anziehen und ab zu Opa.

Als ich mit dem Auto ankam, standen meine Großeltern bereits vor dem Haus und warteten auf mich. Omi war ein bisschen aufgeregt und hatte meinem Großvater schon den Geldbeutel in die Jackentasche gesteckt, weil er mich ja zu Kaffee und Kuchen einladen sollte. Aber bevor wir losfuhren, ging es erst einmal 150 Mal um das Auto herum. Hier schauen, da erklären, tausend brennende Fragen von ihm. »Wie funktioniert denn das?« Und tausend stolze Hinweise von mir: »Opi, haste schon gesehen?«

Wir nahmen uns vor, nach Königsstein zu fahren.

Opa brauchte natürlich erst einmal eine Viertelstunde, bis er sich in das Auto gefummelt hatte. Dann saß er da. Neugierig, wach, aufrecht und optimal vergurtet. Er war fast 92 Jahre alt und hatte noch immer Feuer in den Augen. Und trotz seines hohen Alters hatte er auch etwas Flippiges und den Schalk im Nacken sowieso. Immer hieß es: »Sprich deutlich, Opa kann nicht mehr so gut hören.« Jetzt saß er neben mir im Auto, wir winkten Omi noch mal zu, und dann fuhren wir beide lachend los. Weil das Auto ziemlich laut ist, strengte ich mich an und sprach noch ein wenig deutlicher mit ihm. Opa entgegnete aber nur, ich könne ruhig leiser mit ihm sprechen, er würde mich auch so sehr gut verstehen. Von Schwerhörigkeit nicht die geringste Spur.

Ich bin ganz gerührt, wenn ich heute an diesen gemeinsamen Ausflugstag denke. Mein Großvater, mir von meiner Großmutter anvertraut.

»Fahrt nicht zu schnell!«

»Nein, nein« im Chor zu ihr und dann: Grinsen zwischen Opi und mir.

Er nickte: »Bieg mal auf 'ne Strecke ab, auf der du mir zeigen kannst, was der Wagen so alles kann.«

Habe ich das nächtelange Autofahren wohl von ihm? Die Sehnsucht, mit einer Kiste über die Landstraße zu fahren? Diese Freude an Details und wenn das Auto so richtig zieht und brummt?

Opi war total dabei. Die Fahrt mit mir im Super Seven hat ihn ganz und gar erfüllt. Wir mussten gar nicht reden. Wir waren durch den Fahrtwind, die vorbeifliegende Landschaft, die Aussicht und das Tönen des Motors verbunden. Männerzeit. Kein Gequatsche und Geplauder, wie das Frauen brauchen. »Schau mal. Sieh mal. Wie findst'en das? Süß!!!!!!«

164

Ich fuhr, er saß neben mir, mein Herz klopfte im Takt des Motors und seines sicher auch.

Dann kamen wir auf eine besonders freie Strecke, sahen uns wieder an, nickten uns noch mal zu, schoben Omi zur Seite und ich gab dem Wagen richtig Zunder. Wir legten uns nur so in die Kurven, und die Fahrt wurde richtig zackig. Opa war dabei absolut gelassen. Er hatte seine beigefarbene Fliegerjacke an und passte damit perfekt zum Wagen und zu der Geschwindigkeit. Wie in einem 50er-Jahre-Film. Nur ein bisschen schneller.

»Der Wagen liegt aber schon verdammt gut in der Kurve, das ist ja wie auf Schienen«, staunte er und lotste mich nach Königstein.

Wir hielten vor einem dieser ganz schicken Hotels, weil es einen Gastgarten hatte. Als die Bedienung kam, machte sie uns unfreundlich klar, dass die Küche geschlossen sei.

Wie, kein Schinkenbrot? Opi wollte keinen Kuchen.

Er mit seinem deftigen Hunger und jetzt wollten sie uns hier mit Bienenstich abspeisen. Ich fühlte mich verantwortlich, und ich wollte nicht, dass jemand so mit meinem Großvater spricht. Alle Wünsche sollten sich heute für ihn erfüllen und so ein dämliches Schinkenbrot war doch sicher eine der kleinsten Übungen. Ich fühlte förmlich, wie ich größer wurde und mich vor ihn stellte. Das war eine ganz besondere Erfahrung. Es hat mir noch einmal gezeigt, wie sich die Rollen mit den Jahren verändern. Früher war es Opa, der mir ein Eis besorgte, jetzt kämpfte ich für ihn, damit er sein Schinken-brot bekam. Keine große Sache, aber die Bedienung stellte sich an, als hätte ich mal eben ein kaltes Bufett geordert.

Ich frage mich, warum wir Menschen uns in den kleinen Dingen des Lebens nicht besser unterstützen. Wieso nimmt so eine Bedienung nicht wahr, dass da ein älterer Herr mit feuerroten Wangen kommt, der heute wohl einen Ehrentag hat? Das war doch zu sehen! Ich war froh, dass Opa mich zetern ließ und offensichtlich beschloss, wieder schwerhörig zu werden.

Anyway, am Ende gelang es mir, die Kellnerin zu überzeu-gen: Das mit dem Schinkenbrot ging klar.

Wir lachten, aßen, hielten die Gesichter in die Sonne. Im Anschluss gingen wir dann nicht spazieren, sondern setzten uns lieber wieder in das Auto. »Noch ein bisschen«, mein-te Opa und irgendwann hatte er genug. Hatte sich satt ge-fahren. Er wusste immer, wann es genug war. Mein Opa hat nie etwas überstrapaziert. Das war auch eine ganz wertvolle Gabe, die er hatte.

Dieser Tag sollte der letzte sein, den ich mit meinem Groß-vater verbrachte. Kurze Zeit darauf ist er gestorben.

Das hat mich wieder bestätigt: Zeit ist wertvoll. Zeit mit Menschen noch wertvoller. Man weiß nie, wie lange sie an-dauert. Aufschieben und warten kann dazu führen, dass die Zeit irgendwann vorbei ist. Dann ist es zu spät. Das war die letzte und eine der wichtigsten Lebensregeln, die ich von meinem Großvater gelernt habe. Und dass man sich immer noch etwas gegenseitig geben kann, egal, wie viele Jahre zwei Menschen auch trennen. Die Seele kennt kein Alter. Sie freut sich, wenn sie geben und nehmen darf. Alles was wir uns geben, fließt irgendwann zu uns zurück.

ERNTEN, WAS MAN SÄT
Vater sein

Ich wollte immer Kinder haben. Allerdings wollte ich nie heiraten. Wenn du behindert bist, dann kommen die meisten Außenstehenden gar nicht drauf, dass dich das umtreibt. Dass man überlegen könnte, ob man heiraten will. Die meisten Menschen denken, der soll mal froh sein, wenn er überhaupt eine abkriegt. Auf was wartet er denn? Auf eine Prinzessin? Genau! Am besten mehrere Prinzessinnen in einer Reihe.

Als müsste ich als beinloser Mensch dankbar für jede Frau sein, die sich mir zuwendet und müsste gerade einmal nehmen, was da kommt. Da kann ich von anderen Erlebnissen berichten. Von fröhlichen, gewagten, erotischen und sehr spannenden. Als Junge war ich schüchtern, das ist aber schon lang vorbei. Heute flirte ich sehr gerne. Mich baut das auf und die Mädels genießen es auch. Liebe oder verliebte Gefühle hatten aber schon immer eine zentrale Bedeutung in meinem Leben. Egal ob ich Beine hatte oder keine.

Dann lernte ich Eveline kennen. Wir sind uns bei Freunden über den Weg gelaufen, es war eine Werkstattparty. Dort, in der Schreinerei, in der ich schon mit 14 Jahren jobbte, sah ich Eveline das erste Mal und verliebte mich in sie. Wir waren wie zwei junge Wilde. Wollten alles auf einmal und sofort.

Nach zwei Monaten zogen wir in unsere erste gemeinsame Wohnung. Eveline unterstütze mich in meinem Sport und reiste mit mir durch die Welt. Nach eineinhalb Jahren kauften wir uns dann eine Wohnung mit Garten und heirateten. Kurze Zeit darauf kam Emely zur Welt, und nach einem weiteren Jahr trennten sich unsere partnerschaftlichen Wege wieder.

Ich glaube, dass man auch ohne Trauschein, der ja sowieso keine Garantie darstellt, liebevoll und glücklich leben kann. Wir haben es halt gewollt. Besonders ich. In der ersten Zeit mit Eveline fühlte ich mich angekommen. Ich wollte sie dauerhaft an der Seite haben, und ich wollte natürlich auch ganz großes Kino. Alles war geplant und lief wunderbar. Nur ich selbst war nicht berechenbar.

Für Eveline war ich oft zu emotional. Bestimmt merkte sie auch, dass es einen Teil in mir gibt, der sich nicht binden lässt. Es genügte mir nicht, ganz ruhig mit ihr und Emely zu leben, sondern ich wollte auch raus und suchte die Bühnen dieses Lebens. Ich wollte viel mit Menschen zusammen sein, gemeinsam Pläne schmieden und durchführen. Ich wollte Projekte entwerfen und umsetzen, eines meiner wichtigsten Bedürfnisse. Ich möchte Menschen mit meiner Begeisterung anstecken! Davon kann ich nie genug kriegen! Für Eveline war das manchmal schwer.

Auch wenn es immer wieder »nur« Kleinigkeiten waren, die uns zu schaffen gemacht haben, in der Summe wurde es zu viel. Also habe ich mich entschieden, meinen Lebensweg alleine, aber als Vater, weiterzugehen.

Liebe basiert doch oft auf Kompromissen. Es gab Zeiten in meinem Leben, in denen ich überhaupt keine Lust hatte, auch nur den Hauch eines Kompromisses zu machen. Es sei denn, es handelte sich um einen Kompromiss, der mit meiner Behinderung verbunden war. Aber der hatte dann ja nur mit mir zu tun. Ich kann für mich entscheiden, ob ich etwas wage oder bleiben lasse. Wie mit dem Rollstuhl im Schnee. Es ist für mich ein Kompromiss ans Leben, dass ich damit auf keine Piste gehe. Aber in anderen Situationen bin ich lange nicht so kompromissbereit.

Also, um mal ganz selbstkritisch zu sein: Es gab Jahre, da lebte ich wie ein Star in meinem eigenen Ego-Film. Das heißt nicht, dass ich schlecht mit Frauen umgegangen bin oder unaufrichtig ihnen gegenüber war. Ich war immer ehrlich und habe gesagt, was ich möchte, aber auch, was ich nicht will. Und mit dieser Strategie bin ich immer ganz gut gefahren. Ich war ein freier Mann, und so habe ich mich auch gefühlt.

Als Vater, jetzt mit einem Kind, ändert sich das total und ziemlich plötzlich. Du bist auf einmal nicht mehr allein. Die Welt tanzt nicht mehr nach deiner Nase, sondern es bestimmt auf einmal eine kleine Nase mit. Nicht mehr nur mein Wille hat Berechtigung, sondern ihrer auch, und das manchmal sogar mehr. Wenn man Vater wird, dann kann man nicht mehr der Rockstar in seinem eigenen Leben sein, Klaviere zerhacken und Groupies abschleppen. Es ist da jemand, der einem den Takt vorgibt. So habe ich es jedenfalls empfunden. Egal, was ich auch wollte, auf was ich Lust und Laune hatte, welche Erfahrungen ich probierte oder nachzu-

170

holen versuchte: Wenn ich mit Emely zusammen bin, ist sie der Kapitän. Wenn sie müde ist, muss sie schlafen und das bedeutet, dass ich dann bei ihr bin und nicht mit dem Handbike Landstraßen unsicher mache. Ich rauche nicht, wenn ich sie bei mir habe. Höre nicht viel zu laut Musik. Sitze nicht mit Frauen auf der Couch.

Emely braucht Strukturen, klare Regeln und feste Zeiten, die man einhalten muss. Da gibt es nichts herumzudiskutieren, und es gibt auch keine Kompromisse. Sie ist ein Baby, und ich ordne mich ihren Bedürfnissen unter. Später, wenn sie größer ist, können wir gemeinsam nach Alternativen suchen. Aber jetzt ist es zu früh, einen Kompromiss von ihr zu verlangen.

Als Emely zur Welt kam, war ich im Kreißsaal mit dabei. Es war für mich wie ein großes Wunder. Auf einmal, nach Stunden Wehen und Schmerz liegt ein Kind in deinem Arm und verbindet dich auf neue Weise mit deiner Frau. Ich war von Emely sofort entzückt. Sie ist Daddy's Darling. Meine kleine Zuckerpuppe. Und alles war an ihr dran. Zwei Arme, zwei Beine, eine süße Stupsnase – Wahnsinn. Plötzlich waren wir eine Familie!

Ab jetzt spielte ich in meinem Leben nicht mehr die erste Geige. Ich musste und muss zurückstecken. Meine Aufgaben und Projekte versuche ich, mit den neuen Vateraufgaben zu kombinieren. Alles eine Frage der Organisation. Manchmal ist das gar nicht so einfach. Aber das macht nichts. Emely gibt mir so viel zurück. Sie strahlt mich an, gerade so, wie Wunschkinder eben strahlen. Vor allen Dingen bin ich so glücklich, dass sie gesund ist. Alles andere ist völlig unwichtig.

Ich bin jetzt für jemanden verantwortlich, der ohne mich erst einmal nicht existieren kann. Das ist schon eine große Verantwortung. Es ist bis jetzt noch keine Last für mich, aber ich weiß auch noch nicht, was kommt. Ich muss in die

Zukunft planen, mich gesund halten und auf mich achten. Muss aufpassen, dass ich keine unnötigen Gefahren eingehe. Und ganz sicher muss ich auch aufpassen, dass ich nicht übervorsichtig mit ihr werde. Was wird sein, wenn auch sie schon sehr früh Motorrad fahren will? Vielleicht wie Daddy an den Motoren rumschraubt? Werde ich sie vor der Gefahr z. B. eines schnellen Autos bewahren, sie zurückhalten und ihr schon als Kind lieber ein Eis und eine Barbiepuppe kaufen?

Ich hoffe sehr, dass ich es schaffe, ihr den Umgang mit Gefahr gut beizubringen, ohne dass ich mir vor lauter Respekt selbst in die Hose mache. Wenn sie später unbedingt Motorrad fahren will, sieht sie ja an ihrem Papa, dass das gefährlich werden kann. Wenn sie mich fragt, dann werde ich ihr davon erzählen. Aber ich werde sie unbedingt darin unterstützen, sich in vielen Dingen auszuprobieren. Sie wird machen müssen, was sie machen will. Man kann einen Menschen von einem Vorhaben nicht abhalten. Das konnten meine Eltern bei mir nicht, und ich werde es auch bei Emely nicht versuchen. Wenn sie sich die Knie aufschlägt, körperlich oder emotional, dann gehört das zum Leben dazu.

Es gibt nicht viele Väter, die keine Beine haben. Zumindest wird darüber nicht viel geschrieben. Aber als ich Vater wurde, hat glücklicherweise niemand in meinem Freundes- oder Familienkreis gesagt: »Das kannst du nicht. Ohne Beine, wie willst du denn ein Kind großziehen? Das springt dir doch davon!« Abgesehen von der Tatsache, dass ich mich stark genug dafür fühlte, hätte ich jeden mit einer solchen Einstellung wohl in der Luft zerrissen. Warum soll ich kein Kind haben dürfen, bloß weil mir die Beine fehlen? Na klar, ich kann nicht alles mit Emely machen. Also auf Bäume klettern könnte schwierig werden und gemeinsam durch den Schnee stapfen ist nicht drin. Aber es gibt ja noch so viele andere Dinge, die wir zusammen erleben können. Ich werde ihr zeigen, wie man Auto fährt, wie man Gitarre spielt. Wir können zusammen Fahrrad fahren oder ins Schwimmbad gehen, Ball spielen oder Snowboard fahren. Es geht ja doch noch so einiges. Und ich kann ihr meine Geschichten erzählen.

Ich möchte die Kleine auf den Weg bringen, ihr zeigen, dass man verschieden reagieren kann und ihr ganz viele Handlungsmöglichkeiten für das Leben mitgeben. Anstand und gutes Benehmen will ich sie lehren, weil ich am eigenen Leibe erfahren habe, wie hilfreich und unterstützend das oft ist.

Was den Alltag mit ihr angeht, da muss ich neu denken und ein bisschen planen. Wie ich sie wickele, hoch nehme und wie die Wohnung sein muss, damit ich, falls sie schlecht träumt, schnell ins Kinderzimmer kommen kann. Wenn man behindert ist, dann ist man mit anderen behinderten Eltern im Gespräch. Es gibt einen Austausch, wir geben uns gegenseitig Tipps. Jeder behinderte Mensch muss zwar seine Behinderung allein verarbeiten, aber er ist deswegen nicht allein. Es gibt da eine Gruppe, in die du wächst und in der jeder von jeder Erfahrung profitiert. Auch was das Elternsein angeht.

Diese Fragen »Was? Ein Kind? Wie soll das denn das gehen?« werden eher von Menschen gestellt, die selbst nicht behindert sind. Aber da diese Menschen ohnehin nur wenig Einblick in meine Welt haben, störe ich mich nicht daran. Wenn es nach ihnen ginge, würde man mich jeden Morgen mit dem Rollstuhl in die Eingangshalle eines Behindertenheimes schieben. Manche Menschen haben leider gar keine Fantasie. Die können sich nicht vorstellen, dass man ohne Schuhrausch leben kann und meinen, mir müsste jemand die Brötchen schmieren und die Schnabeltasse richten. Hey, ich habe mir meinen Garten allein angelegt! Und ich kann heben, richten, räumen. Ich war in Norwegen und habe noch ein paar andere Typen besiegt. Da werde ich doch wohl auch so einen Zwerg einholen können, wenn der sich mal selbstständig auf die Reise macht und den Garten für sich erkundet. Na also. Vieles ist gar nicht so schwer, lässt man sich erst einmal drauf ein. Und unmöglich ist das Wenigste.

UNTER DIE HAUT
Sitzmann, Schwerpunkt Mann

Ich bin kein halber Mann. Sonst hätte ich ja keine Tochter. Für halbe Sachen fühle ich mich auch sonst zu stark. Wenn ich mich umblicke, dann sehe ich in der Welt viele Menschen, die ihr Potenzial nur halb ausschöpfen, obwohl sie ganz sind. Die nicht alles geben wollen. Es macht mich nicht ärgerlich, wenn ich das sehe, sondern eher betroffen. Wer sich nicht ganz lebt, der hält sich zurück, auch mit dem, was er in die Gesellschaft einbringen könnte.

Für mich war vor und auch nach dem Unfall klar, dass ich meine ganze Kraft leben möchte. Die Beine spielten dabei eine Nebenrolle. Meine Kraft kommt aus dem Herzen, Bauch und Kopf. Meine Gefühle, die ich mit Überlegung bereichere. Ich sehe, nehme wahr und stelle fest. Bin ganz. Deswegen habe ich mir auch nie darüber Gedanken gemacht, ob ich weniger geliebt werden würde, weil ich jetzt ein Sitzmann bin.

Früher war ich groß. Früher war ich der, der immer auf alle hinuntergeschaut hat. Ausnahmslos. Ich habe nie jemanden getroffen, der genauso groß oder gar größer war als ich. Das gab es nicht. Insofern weiß ich, wie das ist, wie das war. Es ist nicht immer schön, der Größte zu sein. Man muss sich bücken, beugen, manchmal sogar in die Hocke gehe. Dass ich aber vor dem Unfall so groß war, macht, dass ich auch nach dem Unfall groß geblieben bin. Wenn meine Exfrau neben

176

mir stand, dann waren wir fast gleich groß. Sie auf Beinen und ich im Rollstuhl. Da ich beides kenne und mich zudem groß fühle, ist es für mich heute kein Problem, wenn andere auf mich herunterblicken. Die meisten Menschen bücken sich aber, oder setzen sich hin, um mit mir auf einer Höhe zu sein.

Bei Frauen schau ich sogar gerne nach oben. Ich finde große Frauen toll. Die haben etwas Anmutiges. Wie Königinnen. Sie stehen da, sind elegant, geschminkt, duften gut – so eine Frau kann doch gar nicht groß genug sein! Mit jedem Zentimeter noch ein Stückchen mehr. Als ich noch Beine hatte, habe ich immer nach großen Frauen gesucht. Ich wollte eine, die gleich groß mit mir ist, gerne auch größer, aber das war nie der Fall. Jetzt bin ich ein halber Mann und lerne ständig große Frauen kennen. Weil sie fast immer größer sind als ich.

Ein besonderer Vorteil großer Frauen ist allerdings: Sie haben lange Beine! Das ist toll! Nein, aufregend ist es. Das ist das richtige Wort. Das ist in der Liebe mal ein Genuss! Wenn du an einer großen Frau zum Beispiel herunterküsst, hört das überhaupt nicht mehr auf. Du kannst küssen und küssen und da ist noch immer Haut und volles Programm. Große Frauen bewegen sich auch anders als kleine.

Das klingt jetzt so, als würde ich nur auf große Frauen abfahren. Aber das stimmt nicht. Ich weiß nur, dass große Frauen sich in ihrem Körper manchmal so unwohl fühlen wie kleine Männer. Das ist total unnötig. Frauen sind schön. Männer sind schön. Attraktiv sind beide dann, wenn sie eine Ausstrahlung haben, etwas von sich erzählen können. Körpergröße hat damit nichts zu tun.

Vielleicht habe ich es bereits erzählt und wenn ja, wiederhole ich mich gerne: Ich bin ein absoluter Frauen-Fan. Frauen sind so weich und einfühlsam. Sie gehen mir unter die Haut. Mit ihnen zusammen zu sein, bedeutet für mich Anregung und Ruhe zugleich. Sie haben – anders als Männer – keine Furcht, auch mal über schwierige Themen zu sprechen. Frauen sind Seelenleserinnen. Sie sind zart und können gleichzeitig eine Menge bewegen.

Mit den Beinen habe ich auch meine Schüchternheit verloren – zumindest indirekt. Weil mir ja gar nichts anderes übrig blieb. Mit Schüchternheit wäre ich jetzt nicht da, wo ich bin. Wenn du ein Handicap hast oder eine Schwierigkeit, dann musst du sagen, was du willst. Dann musst du dich zeigen. Dann musst du die Klappe aufmachen. Wenn du deinen Mund hältst, dann passiert einfach nichts. Gar nichts. Natürlich braucht man so ein paar innere Regeln, Statements. Mann sein ist ja Ansichtssache. Bei mir gab es, was das angeht, kein Defizit, das ich kaschieren oder überspielen musste. Auch nach dem Unfall war ich weiter Mann und Ich. Ich musste mir nichts ausdenken, was von mir ablenken könnte. Ganz im Gegenteil. Ich wünsche mir, dass mich die Frauen ganz und komplett wahrnehmen.

Dass ich darüber so offen spreche, zählt ein wenig zu meiner Mission. Viele Männer, die durch einen Unfall behindert wurden und sich nicht mehr gut bewegen können, haben Furcht, bei Frauen keine Chance mehr zu haben. Das muss aber nicht so sein. Ich habe nie aufgehört, Frauen zu begehren und ich wurde immer weiter von Frauen gesehen und geliebt. Gut möglich, dass das nach dem Unfall sogar noch einfacher wurde, weil ich an Tiefe und Resonanz gewonnen habe. Nicht nur auf der Seelenebene, sondern auch ganz auf der sexuellen Ebene betrachtet. Frauen wünschen sich, dass man sie wahrnimmt, auf sie eingeht. Das kann ich. Nicht weil es mich attraktiver macht, sondern weil ich ein ehrliches und natürliches Interesse an Frauen habe. Das spüren sie. Liebe Frauen, ihr seid klasse!

Natürlich hat sich meine Sexualität verändert. Sie ist nicht eingeschränkt, sondern anders geworden. Im Stehen vögeln geht nicht mehr. Dafür gibt es andere Spielereien. Dadurch, dass meine Beine weg sind, habe ich eine andere, eine neue Sensibilität entwickelt. Ich spüre meinen Rücken und meine Arme deutlich intensiver. Wenn eine Frau dort mit ihren Fingernägeln drüberfährt, dann bekomme ich schon mal eine Gänsehaut. Gänsehaut bekam ich früher, wenn mir eine Frau an den Beinen entlangstrich. Gänsehaut ist Gänsehaut. Der Auslöser für dieses schöne Gefühl hat sich nur verlagert.

Es geht nicht mehr nur um diesen harten, dreckigen Sex, genauso wichtig sind mir jetzt Kuscheleien. Ich vermisse da gar nichts. Das ist alles in Ordnung so. Das kann ich wirklich sagen. Ich habe ja auch vor dem Unfall schon meine sexuellen Erfahrungen gemacht und ich weiß, was ich gut finde. Das, was ich jetzt erlebe, ist noch besser, weil es intensiver ist. Wenn ich darüber nachdenke, dann kommt mir in den Sinn, dass es mein Sportsgeist, mein Durchhalten und gelegentliches Kämpfen ist, was mich für die Weichheit und Schönheit von Frauen so empfänglich macht. Männlich und weiblich kommt in vielen Momenten gut zusammen. Nicht nur beim Sex.

Für die Mädels, die mit mir intim wurden, waren meine fehlenden Beine kein Problem, weil es genug vom anderen Sitzmann gab. Mein breiter Rücken, meine Arme, mein Lachen, meine Augen ... die fanden mich, meine Geschichte und meinen Körper interessant. Sie wollten entdecken und erkunden. Sind mit den Fingerspitzen meine Narben abgefahren und haben mich sehr viel gefragt. Als hätte ich ein spannendes Bild auf meinen Körper tätowiert. Dass sie mich ansahen, abtasteten und Fragen stellten, signalisierte mir zur gleichen Zeit, dass sie Interesse und Freude an mir und meinem Körper hatten. Beine hin oder her.

Vielleicht finden manche Frauen den Sex mit mir auch gerade deswegen erotisch, weil ich keine Beine habe. Dieser Gedanke verblüfft erst einmal. Aber bereits einen Gedanken weiter kann man fragen: »Warum nicht?« Es gibt viele gute Gründe, die dafür sprechen. Einer davon ist, weil sie vielleicht noch näher an mich herankommen, eben weil ich keine Füße mehr habe. Vielleicht fanden sie mich aber auch einfach nur cool. Oder sportlich oder witzig? Oder charmant? Ich versuche dem normalerweise nicht so auf den Grund zu gehen. Aber jetzt scheint es mir wichtig, auch paradoxe Gedanken auszusprechen.

Frauen verlieben sich ja nicht in Beine, sondern in einen Menschen. Männer sind da manchmal anders. Oberflächlicher. Sich nur in einen Körper zu verlieben, ist meiner Meinung nach ein bisschen zu wenig. Die Frauen, mit denen ich zu tun hatte, meinten mich mit meiner ganzen Person, meinem Charakter, das, was sie in mir an Qualitäten fanden oder entdeckten.

Wenn ich mit Menschen spreche, die gerade in der Reha sind, sind das genau die Fragen, die ich zu hören bekomme. Sie kommen nicht gleich, aber sie kommen, und ich kann das gut verstehen. Ich spreche dann gegen die Angst. Menschen, die Angst haben, sind nicht offen für die Liebe. Sie sind auch nicht erotisch. Du befürchtest, dass dich nun keine mehr will, und prompt will dich keine mehr. Weil du es mit jeder Faser deines Körpers zeigst. Menschen reagieren auf das, was sie beim anderen wahrnehmen. Wenn jemand denkt, ich bin verkehrt, dann wird er auch misstrauisch beäugt. Was ist denn mit dem los?, fragen sich die Menschen.

Ich hatte freilich das Glück, dass meine Eltern und Stefan mich immer in meinem Selbstwertgefühl unterstützt haben. Sie haben mich nie wie einen halben Mann behandelt. Ich blieb der Flo. Flo vor dem Unfall. Flo nach dem Unfall.

Als Jugendlicher war ich − wie gesagt − sehr schüchtern. Nicht in mich gekehrt, aber ich habe einfach meinen Mund nicht richtig aufgekriegt. Ich hatte auch ziemlich viel mit Schamgefühl zu tun. Ich schämte mich zum Beispiel für meine Pickel im Gesicht oder für meine Brille auf der Nase. Damals gab es ja noch keine Kontaktlinsen. Ich habe mir oft andere Jungen angeschaut und hätte gerne mit ihnen tauschen wollen: glatte Haut, lange Haare, blaue Augen. Solche

181

Surfertypen, denen du nie das Wasser reichen kannst. Ich sah sie und nahm die ganze Souveränität wahr, die ihnen mit dem Aussehen gegeben worden war. Sie sahen cool aus, hatten Skateboards, trugen Schlabberhosen. Ich dachte, ich werde nie so aussehen wie sie.

Ich habe für mich erkannt, dass es besser ist, sich nicht mit anderen zu vergleichen. Das gilt für Menschen mit Beinen und ohne. Für Männer und für Frauen. Wir sind alle Unikate. Nicht nur im Aussehen, sondern auch, wie wir uns bewegen, küssen, Sex erleben und gestalten.

Ich fand irgendwann für mich heraus, dass das Leben mehr Spaß macht, wenn ich nicht nur meinen Alltag, sondern auch die Sexualität neu entdecke bzw. einfach weiterentwickle. Man erlebt ja auch als Mensch mit zwei Beinen die Sexualität immer wieder neu. Zumindest sollte es so sein. Ich hörte also nicht auf und fing auch nicht neu an, sondern machte einfach weiter. Wenn du mit dir im Reinen bist, dann ist alles, was auf dich zukommt, bemerkenswert. Auch, dass du auf einmal neu empfindest, weil sich dein Körper verändert hat.

Ich schmelze wie Butter in der Sonne, wenn eine Frau mir das Gefühl gibt, ein Held zu sein. Und ich lasse die Frau gerne spüren, dass sie meine Prinzessin ist. Das ist die alte Schule. Wie die geht, das habe ich meinem Opa Helmut abgeguckt. Ich habe das nie gespielt, sondern ich fühle mich als Gentleman. Oft genug dachte ich: Ja, genau diese Frau hat es verdient, dass ich sie verwöhne und wie eine Lady hofiere.

Frauen reagieren darauf. Natürlich. Es laufen ja genug Männer da draußen herum, die sich weigern, in einer Frau die Prinzessin zu suchen. Dafür muss man einer Frau nicht automatisch dienen. Aber ich komme sehr gerne einer Frau zuvor, denke gerne einen Schritt voraus, damit sie ganz und gar das Gefühl bekommt, umsorgt zu sein. Natürlich bringe ich Blumen mit. Das gehört auf jeden Fall zum Gentleman-Programm dazu. Das schafft eine besondere Stimmung, wenn man diese Aufmerksamkeiten beachtet. Ich liebe das.

Ich denke auch an meinen Heiratsantrag gerne zurück. Auch wenn meine Frau und ich nicht mehr zusammen sind. Ganz klassisch habe ich erst ihre Eltern gefragt und als die ihre Zustimmung gaben, habe ich begonnen zu überlegen und mir auszumalen, wie und wo ich sie fragen werde, ob sie mich heiraten will. Es sollte nicht nur ein Antrag sein, sondern ich wollte eine Geschichte inszenieren, einen unvergesslichen Moment. Ganz toll wollte ich es haben, mit mindestens 5–7 Gängen in einem Sternerestaurant. »Ich will alles«, bestellte ich. »Vom Feinsten. Mit Kerzen, Rosenherz, Separée und super Aussicht.« Schampus inklusive.

Genauso ist es dann auch gewesen. Die Ringe in der Jackentasche. Auch von denen hatte meine Frau natürlich nichts geahnt. Also, wenn einer sich da richtig Gedanken macht, dann ist das echte Arbeit. Aber es lohnt sich. Wieso komme ich darauf? Weil genau das mich zu dem Mann macht, der ich bin. Meine Einstellung zum Mannsein. Dieses Kämpfen und dann müde den Kopf in einen Frauenschoß betten und sich ein wenig streicheln lassen. Ganz klassisch, ganz albern, ganz Mann.

Letztendlich sind Männer und Frauen für mich dann aber doch wieder nicht so verschieden. Ich finde es zeitgemäß, dass wir uns einander angleichen und die Fähigkeiten entdecken, die das andere Geschlecht hat. Manches davon kann man gut übernehmen. Im Krankenhaus habe ich zum Beispiel mit dem Stricken begonnen. Meine Mutter brachte mir das bei. Stricken macht super viel Spaß und hat für mich nichts mit mehr oder weniger Männlichsein zu tun. Es hat mich deswegen auch niemand ausgelacht. Keiner sagte: »Du alte Tunte, du Schwuletto! Du strickst die Socken und Schals und deine Perle lässt du zu Hause die Reifen wechseln oder was?« Ich würde auch basteln oder malen. Bin gerne im Garten und setze Blumen. Es gibt Männer, die machen all das nicht. Dabei hat man doch eine viel größere Schnittmenge, wenn man alles ein wenig in sich trägt. Männliche und weibliche Eigenschaften.

Ich weiß, dass andere Männer und auch Frauen das anders sehen. Aber das macht nichts. Auch in diesem Punkt will ich mich nicht vergleichen. Es muss viele Männer auf der Welt geben, und alle dürfen anders Mann sein.

DIE DINGE SINGEN HÖR' ICH SO GERN
Nachwort: Last not least

Dieses Buch hätte es nicht ohne meine Geschichte gegeben. Und meine Geschichte wäre nicht die Geschichte geworden, die sie ist, hätte es nicht die Musik von Xavier Naidoo und den Söhnen Mannheims gegeben. Nächtelang habe ich diese Musik gehört. Ich bin mit ihr durch die Nacht gefahren. Ich habe die Texte gelesen, gesungen und manchmal herausgeschrien. Meine Geschichte schreibt sich mit dieser Musik. Sie ist der Soundtrack zu meinem Lebensfilm. Die Texte sind mir von Anfang an mitten ins Herz gegangen. Jede Zeile hat bei mir ins Schwarze getroffen. Das war besonders in den dunklen Zeiten und schweren Stunden unglaublich motivierend. Ich finde, Xavier macht eine heilende Musik. Auf mich wirken seine Lieder wie eine gesungene Predigt, sie berühren und heilen mich.

Das erste Mal hörte ich Xavier 1997 auf VIVA im Fernsehen, ich war damals 21 Jahre alt. Ein junger Wilder. Zu dieser Zeit hatte ich die Gewohnheit, morgens zum Frühstück den Fernseher einzuschalten. Nicht wegen der Bilder, sondern wegen der Musik. Das war mein Morgenradio im Hintergrund. An einem dieser Vormittage hörte ich ein Lied und wurde sofort hellwach. Das Lied hatte den Titel »Frei sein«. Ich rannte zum Fernseher und sah in der »Bauchbinde«, wer der Sänger war: Xavier Naidoo. Ich fand seine Stimme auf Anhieb toll und war wie vom Blitz getroffen.

Auch ich wollte zu dieser Zeit mal wieder frei sein. Das Lied war wie der Auslöser für eine chemische Reaktion in meinem Leben. Ich lebte in einer Beziehung, die mir schon viel zu lange viel zu eng geworden war. Das Lied hat mir den Mut gegeben, meine Sehnsucht auszusprechen und mich auf den Weg zu machen. Ich dachte immer wieder darüber nach, was denn frei sein für mich bedeutet. Wohin ich gehen würde? Was mit diesem Leben machen? Die Vorstellung, nur für mich zu sein und nur für mich Verantwortung zu tragen, reizte mich sehr. Wie ein Cowboy über Land zu ziehen. Niemand's Knecht sein, niemand's Herr. Niemandem Rechenschaft ablegen zu müssen. Frei zu sein wie der Wind.

Eigentlich habe ich es dann einem Arzt zu verdanken, dass ich Xavier kennen lernen durfte. Auf der Geburtstags-Party von Petra, seiner Sprechstundengehilfin, lernte ich erst Michael Biedermann kennen. Wir verstanden uns auf Anhieb super und sprachen über alles Mögliche, Gott und die Welt und auch über Musik. Ich erzählte Michael von diesem Sänger, der mich im Fernsehen so beeindruckt hatte und fragte ihn, ob er von diesem Xavier Naidoo schon etwas mitbekommen hatte. Michael begann plötzlich ganz laut zu lachen. »Das ist mein Kumpel«, sagte er. »Ich arbeite sogar für ihn!« Und er fragte mich gleich, ob ich Xavier einmal live erleben wolle. Ich war natürlich sofort dabei.

Als wir an diesem Abend auseinander gingen, drückte er mir dann eine Promo-CD in die Hand. Das war Xaviers erstes Album, das noch nicht veröffentlicht war. Auf der Heimfahrt legte ich sie in den CD-Player, nur um mal ganz kurz reinzuhören. Aber es kam anders.

186

Immer wieder spielte ich die Musik von vorne, und die ganze Nacht war ich mit ihr unterwegs. Immer wieder drückte ich auf replay, ließ die Musik laufen und fuhr immer weiter geradeaus. Ich konnte nicht anders. Bis früh um fünf am nächsten Tag fuhr ich durch den Odenwald und schrubbte mir den Tank ganz leer. Bis auf den letzten Tropfen. Als ich heimkam, war ich hellwach, berauscht – obwohl ich keinen Alkohol getrunken hatte – und konnte jeden Song mitsingen. Jedes einzelne Lied war mir schon in Fleisch und Blut übergegangen.

Tja, und dann? Von da an war ich angefixt und freute mich wie Bolle auf das Konzert mit Xavier, das bald kam.

Drei Wochen später war es soweit. Mit Backstage-Pass! Während dem Konzert lief mir ein Schauer nach dem anderen über den Rücken, eigentlich bestand ich nur aus Gänsehaut. Ich war wie paralysiert und habe mir überlegt, ob das wirklich wahr sein kann, dass ein Mensch so singen kann. Und das auch noch live!

Dann war das Konzert vorbei, Xavier wieder von der Bühne, und auf einmal kam er auf mich zu. Ich wusste gar nicht, wie man jemanden begrüßt, den ich nur aus dem Fernsehen kenne. Was das anging, war ich ja total unbedarft. Aber er kam einfach auf mich zu, nahm mich in den Arm und sagte: »Es ist schön, dass du da bist. Ich schreibe jetzt noch ein paar Autogramme und dann können wir uns hinter der Bühne weiter unterhalten.«

Ich war wie auf Wolke 7. Es war unglaublich, dass mich jemand, der gerade noch unerreichbar göttlich auf der Bühne gesungen hatte, so ansprach. Als er mit seinen Autogrammen fertig war, gingen wir zusammen in den Backstage-Bereich, aßen dort ein Süppchen und unterhielten uns eine kurze Zeit. Das war unsere erste Begegnung. Persönlich näher sind wir uns dann später gekommen.

Nach dem zweiten oder dritten Konzert hatte Michael Biedermann zu seinem Geburtstag ein paar Leute eingeladen. Xavier war auch dabei. Er hat ihm eine halbe Stunde Gesang geschenkt. Nicht seine Lieder, sondern andere Songs aus seinem scheinbar endlosen Repertoire. Das werde ich nie vergessen. Es war eine laue Sommernacht, und er stand da vor dem geöffneten Fenster und hat gesungen. Er ganz alleine.

Es war das erste Mal, dass wir uns außerhalb eines Konzerts begegnet sind. Dass wir den Kontakt nicht verloren, kam dadurch, dass ich fast kein Konzert von ihm versäumte und dann auch durch mein Engagement beim Förderverein Söhne Mannheims e. V. Wir unterstützen Straßenkinder und andere sozial schwache Menschen in Mannheim, die einmal oder immer wieder Hilfe brauchen.

Soziales Engagement ist uns beiden ein großes Anliegen. Xavier und mir. Auch das verbindet uns.

Und diese Verbindung wird sicher noch lange halten.

Danke

Von ganzem Herzen danke ich meinen Eltern für ihre Geduld und Kraft, die sie mir in guten und schwierigen Zeiten meines Lebens, gerade im Krankenhaus, entgegengebracht haben. Für ihre Zuversicht, ihren Ehrgeiz im richtigen Moment und ihre liebevolle Erziehung, die ich nun an meine Tochter Emely weitergeben darf. Ich danke meinen Brüdern Benjamin und Daniel für ihre Unterstützung und ihren Humor in all meinen Lebenslagen.

Ich danke meinen Großeltern, Liselotte und Helmut Karnetzky und Christa und Eduard Sitzmann für ihre liebevolle Art, gemeinsam verbrachte Zeit und ihre Toleranz für all meine eingeschlagenen Wege. Möge Opi Helmut in Frieden ruhen und auf uns warten. Ich danke allen Mitgliedern der Familie Sitzmann und der Familie Karnetzky für ihre Begeisterung an meinem Leben und der Verbreitung meiner Lebensfreude. Besonders danke ich Chefarzt Dr. Georg Adamidis dafür, dass er am 31.08.1992 mein Leben gerettet hat und bis heute ein sehr wichtiger Mensch für mich ist.

Ich danke meinem besten Freund Stefan Dehmer für seine bedingungslose Freundschaft und seine Kraft, uns beide weiterzubringen. Ich danke Xavier Naidoo für seine inspirierende Musik, die mich auch zu dem Menschen gemacht hat, der ich heute bin. Ich danke Eveline Sitzmann für fünf bewegte gemeinsame Jahre und die Kraft, unsere wundervolle Tochter Emely auf die Welt zu bringen. Ich danke Angela Bezzenberger für ihre langjährige tiefe Freundschaft und die gemeinsam verbrachten Wochenenden in Stuttgart zu Zeiten meiner Selbstfindung und ihre große Unterstützung nach meinem Unfall bis heute.

Ich danke Barbara Schmitt für fünf gemeinsame Jahre, in denen ich auch durch sie lernte, mit meiner Behinderung und meinem neuen Leben umzugehen.

Danken möchte ich auch Gregor Friedel und Thomas Niemitz, ohne die es keinen Film und somit auch dieses Buch nicht gegeben hätte. Mein Dank geht auch von ganzem Herzen an Michael Heil, der mich anfangs als mein Mentor und später auch als mein Freund viele Jahre unterstützt und begleitet hat, und dies bis heute noch tut.

Herzlichen Dank an Christine Weiner und Bernd Görner, dass sie dieses Buchprojekt angeregt und tatkräftig unterstützt haben.

Ein freundschaftlicher und besonders herzlicher Dank geht an meinen Freund Max William Beyersdorf, der mich in guten und schwierigen Zeiten mit seiner positiven und kraftgeladenen Lebenseinstellung und seinem Know-how begleitet und unterstützt hat.

Ebenso möchte ich mich für die bedingungslose Hilfe und den Einsatz der rotarischen Freunde aus Coburg bedanken, da sie dieses Buchprojekt und auch andere meiner Projekte, menschlich und finanziell unterstützt haben. Wenn der gemeinsame Grundgedanke stimmt, ist nahezu alles möglich.

Ich danke dem Herrn, dass ich lebe.